HISTOIRE

DE

JEANNE D'ARC

Jeanne d'Arc.

HISTOIRE

DE

JEANNE D'ARC

PAR

M. LE BARON DE BARANTE

Membre de l'Académie française.

PARIS

DIDIER ET Cᵉ, LIBRAIRES-ÉDITEURS

35, QUAI DES AUGUSTINS

1859

Imprimerie P.-A. BOURDIER et Cie, rue Mazarine, 30.

Vous vous rappelez sûrement, mes chers amis, qu'en 1848, au milieu des désordres de cette époque, on eut la bonne pensée de réunir dans les différents quartiers de Paris les ouvriers de bonne volonté, pour leur faire des lectures aux jours et aux heures dont leurs travaux leur laissaient la disposition.

L'on reconnut alors avec satisfaction qu'ils écoutaient, avec intérêt, les morceaux choisis qui pouvaient leur inspirer de bons sentiments ou leur donner des enseignements utiles.

Je me souviens surtout qu'ils prirent grand plaisir au récit de l'histoire de Jeanne d'Arc ; déjà, sans doute, ils avaient entendu parler de la pucelle d'Orléans, des hauts faits d'armes, du courage, de la piété, du dévouement à la patrie, de la jeune fille que Dieu suscita pour sauver la France.

Aucun de vous n'ignore que c'est à l'apparition de cette vaillante fille que cessèrent les revers de la France, réduite aux abois par la coalition des armées d'Angleterre et de Bourgogne. Les plus belles provinces du royaume avaient été envahies, Paris était en leur pouvoir, et depuis sept mois la ville d'Orléans était assiégée et se voyait réduite à la dernière extrémité. A son approche, le courage de cette brave population se ranima, en peu de temps elle battit les Anglais et mit en fuite leurs cohortes découragées ; puis, pour achever la mission glorieuse qui lui avait été donnée, Jeanne conduisit à Reims le roi Charles VII, où il fut sacré et reçut solennellement l'onction sainte.

Mais les récits d'une si merveilleuse histoire, les détails d'une vie si courte et si miraculeuse sont si pleins d'intérêt, que j'ai cru qu'il vous serait agréable de les voir exposés dans leur ensemble; ils sont textuellement reproduits de l'*Histoire des ducs de Bourgogne*. L'auteur de l'histoire de cette grande époque a bien voulu permettre qu'ils en fussent extraits pour vous être dédiés.

Dieu fit voir, en la personne de cette miraculeuse jeune fille, qu'il aime souvent à se servir des instruments les plus faibles et les plus humbles, pour mieux manifester sa puissance et sa gloire. N'est-ce pas des rangs du peuple qu'était sorti ce célèbre et éloquent Pierre l'Ermite! A sa voix puissante l'Europe entière est ébranlée, d'innombrables armées se forment comme par miracle, traversent l'Europe et viennent fondre sur la Palestine, afin de soustraire, à la domination des Sarrasins, la sainte ville de Jérusalem et le tombeau de Notre Seigneur.

N'était-elle pas aussi sortie des rangs du peuple cette vaillante Jeanne Hachette, qui défendit avec un si grand courage la ville de Beauvais, et dont l'énergie sut conserver à la patrie une ville presque sans défense, attaquée par une armée considérable, dont toutes les forces vinrent échouer devant la vigoureuse résistance des habitants, se levant spontanément à la voix de cette jeune héroïne ?

Notre Seigneur lui-même n'a-t-il pas choisi une vie simple et laborieuse ? N'est-ce pas de cette humble position que sa parole et l'exemple de sa glorieuse mort enflammèrent le courage de douze pauvres pêcheurs et changèrent la face du monde ?

De tels récits sont bien consolants pour l'humanité, ils témoignent hautement que la vertu et la piété égalisent tous les rangs, et que c'est même dans la classe des hommes utiles et laborieux que se rencontrent le plus souvent ces âmes d'élite.

Mais cette distinction, dont notre divin Sauveur a daigné lui-même nous indiquer l'exemple, n'est accordée qu'à une condition, c'est que la modestie, la vertu, la piété, le dévouement, n'en seront jamais séparés.

Si la vertu brille d'un plus bel éclat quand elle s'élance des rangs du peuple, si Dieu manifeste ses sympathies pour les hommes doux et humbles de cœur, s'il a déclaré que la richesse était un obstacle au salut, c'est à condition que les hommes nés dans une position obscure seront fidèles à sa loi, qu'ils pratiqueront la piété et la vertu et fuiront le vice et la débauche, bien plus hideux et bien plus dégoûtants dans les positions inférieures. Car, dans les positions élevées, le vice sait quelquefois se parer d'une certaine élégance, il a les moyens de se cacher du public et d'éviter le scandale; le pauvre, au contraire, ne sait pas masquer ses vices, il les expose dans toute leur nudité et dans toute leur turpitude, et devient pour chacun un objet de honte et de dégoût.

Si donc chez le pauvre la vertu est plus pure, plus éclatante, plus méritoire, tandis que le vice y est plus abject et plus dégoûtant, notre choix ne sera pas difficile à faire; chacun de nous, selon ses forces, suivra la voie que nous a tracée notre Seigneur Jésus-Christ. C'est la route qu'avait choisie cette jeune fille dont j'ai entrepris de vous répéter l'histoire et à laquelle je reviens après ce long préambule.

UN MEMBRE DE LA SOCIÉTÉ DE SAINT-VINCENT DE PAUL,
Ancien président d'une société d'ouvriers.

HISTOIRE

DE

JEANNE D'ARC

En 1428, la France était tombée dans la dernière détresse, la cause du roi Charles VII semblait désespérée ; les Anglais étaient maîtres de Paris et y avaient proclamé leur roi Henri VI, car la méchante reine Isabeau de Bavière, mère de Charles VII, avait, de concert avec le duc de Bourgogne et le roi d'Angleterre, conclu un traité qui déshéritait son fils de la couronne de France.

Les Anglais occupaient la Normandie, et presque toutes les provinces situées entre Paris et Orléans, qu'ils tenaient assiégées depuis le mois d'octobre 1428. C'était à la défense de cette ville que semblait s'attacher le dernier espoir du roi et de la France. Le sire de Gaucourt était gouverneur de la ville ; le bâtard d'Orléans, Saintrailles et beaucoup de vaillants capitaines s'y étaient enfermés, les habitants n'avaient pas moins bon courage ; ils avaient d'abord voulu se défendre seuls et ne pas recevoir une garnison de gens de guerre, craignant d'en être, comme à l'ordinaire, maltraités et pillés ; cependant le danger était si grand qu'il fallait s'y résoudre. Les échevins et procureurs de la ville convoquèrent tous les bourgeois, et ils se taxèrent volontairement ; beaucoup donnèrent plus que leur taxe ; d'autres prêtèrent de fortes sommes ; le chapitre de Sainte-Croix contribua pour deux cents écus. Le faubourg de Portereau, de l'autre côté de la rivière, ne pouvait être défendu ; les chefs de guerre craignaient que l'ennemi ne vînt s'y loger ; par la volonté et par l'aide des citoyens d'Orléans, il fut aussitôt abattu. Les vignes, les arbres, les jardins furent rasés à plus d'une lieue à l'entour. C'est ainsi que les braves habitants se préparèrent à tous les sacrifices et à toutes les souffrances qui allaient tomber sur eux. Et comme la guerre, quelque bonne intention et discipline qu'on y apportât, était néanmoins une occasion de désordre et de licence, on s'en excusa d'avance à Dieu, en faisant de pieuses et solennelles processions où l'on portait toutes les saintes reliques des églises.

Le siége continua pendant quatre mois; toutes les attaques des Anglais furent repoussées; ils n'étaient pas assez nombreux pour investir la ville, le roi pouvait leur envoyer des renforts et les vivres ne manquaient point.

Mais, le 12 février 1429, le comte de Clermont ayant voulu intercepter un convoi qui apportait des vivres envoyés de Paris à l'armée anglaise, éprouva une défaite complète. Pour le coup on crut tout perdu.

De tout le royaume nuls ne devaient être plus abattus que la garnison et les habitants d'Orléans. La ville, toute vaste qu'elle fût, était environnée de bastilles et de boulevards élevés sur les deux rives et qui ne laissaient presque aucun moyen d'y faire entrer des munitions et des vivres. Déjà la famine commençait à s'y faire sentir, le courage des habitants, de la garnison et du vaillant bâtard d'Orléans se soutenait encore ; ils ne voulaient pas entendre parler de se rendre aux Anglais. Cependant, abandonnés et sans secours, il fallait bien qu'Orléans fût enfin forcé ; il fallait bien que le roi perdît ce dernier espoir de sa couronne, et se retirât en fugitif dans les provinces du Midi qui lui restaient encore fidèles.

Tout à coup les choses changèrent miraculeusement. Il courait depuis un temps

une certaine prophétie qu'on disait même
tirée des livres de l'enchanteur Merlin, et
qui annonçait que la France, perdue par
une femme, serait sauvée par une femme.
Il paraissait bien en effet que la reine Isa-
belle avait jeté le royaume à sa perte en le
livrant aux Anglais; mais qui viendrait le
délivrer?

Toujours est-il, que, voyant la détresse
du royaume, et comment les secours hu-
mains semblaient impuissants à le sauver,
les esprits se rejetaient en confiance vers
la Providence divine, qui, comme on disait,
avait toujours protégé le noble pays de
France, et l'avait souvent tiré de misère.

Il y avait alors au village de Domremy,
sur les marches de la Champagne, de la
Bourgogne et de la Lorraine, une jeune
fille nommée Jeanne d'Arc, qui avait, et
même depuis longtemps, des visions sur-
prenantes. C'était la fille d'un pauvre paysan;

elle avait été élevée selon son état, mais avec
une extrême piété; sa dévotion et sa sagesse
édifiaient tout le canton. Elle était bien
bonne Française et n'aimait point les Bourguignons ni les Anglais; car, dans ce temps
de malheur, la discorde divisait même les
gens de campagne, et l'on voyait jusqu'aux
petits enfants se battre et se meurtrir à
coups de pierre, quand ils étaient de deux
villages de factions différentes. Jeanne, qui
n'avait pour lors que dix-sept à dix-huit
ans, n'avait, depuis sa naissance, rien vu
autre chose que la misère du pauvre peuple
de France et l'avait toujours entendu im-
puter aux victoires des Anglais, à la haine
des Bourguignons. Souvent, à l'approche
de quelques compagnies ennemies, elle
avait, en grande hâte, conduit dans la forte
enceinte d'un château voisin le troupeau et
les chevaux de son père. Une fois même,
les Bourguignons vinrent piller le village de

Domremy, et Jeanne s'en alla avec son père et sa mère se réfugier, durant cinq jours, dans une auberge de Neufchâteau.

De bonne heure, et vers l'âge de treize ans, ses visions avaient commencé. Elle avait d'abord vu une grande lumière et entendu une voix qui lui recommanda seulement d'être bonne et sage, et d'aller souvent à l'église. Une autre fois, elle entendit encore la voix, vit encore la clarté, mais il lui apparut aussi des personnages d'un bien noble maintien. L'un d'eux avait des ailes aux épaules, et semblait un sage prud'-homme ; il lui dit d'aller au secours du roi, et qu'elle lui rendrait tout son royaume.

Elle répondit, assurait-elle, qu'étant une pauvre fille des champs, elle ne saurait ni monter à cheval, ni conduire les hommes d'armes. Mais la voix lui dit d'aller trouver messire de Baudricourt, capitaine en la ville de Vaucouleurs, qui la ferait mener vers le roi, ajoutant que sainte Catherine et sainte Marguerite viendraient l'assister de leurs conseils.

Une troisième fois, elle connut que ce grand personnage était saint Michel. Elle commença à se rassurer et à le croire. Il lui parla encore de la grande pitié que faisait le royaume de France, lui recommanda d'être bonne et sage enfant et que Dieu lui aiderait. Puis les deux saintes lui apparurent, toujours au milieu d'une clarté; elle vit leur tête couronnée de pierreries; elle entendit leur voix, belle, douce et modeste, elle ne remarqua pas si elles avaient des bras ou d'autres membres; toutefois elle disait aussi qu'elle avait embrassé leurs genoux.

Depuis elle les voyait souvent, et elles lui semblaient parfois très-petites, parfois de grandeur naturelle; mais elle les entendait plus souvent encore, surtout lorsque les cloches sonnaient.

Dans ses récits elle disait toujours : « Ma voix m'a ordonné ; mes voix m'ont fait savoir. » Saint Michel lui apparaissait moins souvent. Pourtant elle assurait que toujours elle avait trois conseillers : l'un était avec elle ; l'autre allait et venait, le troisième délibérait avec ceux-là. Quelquefois on pouvait croire qu'elle parlait de la sainte Trinité, car elle appelait son conseil « Messire, le conseil des Messires ; » et quand on lui demandait qui était son Messire, elle disait que c'était Dieu.

Du reste, ces visions n'avaient rien de terrible pour Jeanne ; elle les désirait plutôt que de les craindre. Dès qu'elle entendait les voix qu'elle avait appris à connaître, elle se mettait à genoux et se prosternait pour montrer son respect et son obéissance. La présence des saintes l'attendrissait jusqu'aux larmes, et après leur départ elle pleurait, regrettant que ses frères du Paradis ne l'eussent pas emportée avec eux.

Plus Jeanne avançait dans la jeunesse et devenait grande fille, plus elle entendait souvent les voix, plus elle avait de visions. Toujours il lui était commandé d'aller en France. Elle était si tourmentée qu'elle ne pouvait plus durer où elle était.

La prophétie de Merlin était aussi connue dans ces contrées, et l'on ajoutait même que c'était une vierge des marches de la Lorraine qui devait rétablir la France. Jeanne apprit par ses voix que c'était elle qui était désignée par la prophétie, et dès lo s elle résolut d'aller trouver le Dauphin. La colère de son père, qui eût mieux aimé la voir noyée que s'en aller avec les gens d'armes, ne pouvait lui faire changer son dessein, car les voix la commandaient. Elle alla donc avec un de ses oncles trouver le sire de Baudricourt à Vaucouleurs; il la croyait folle et refusa d'abord de la voir, disant qu'il fallait la ramener à son père pour qu'elle fût bien souffletée.

Quand il consentit à la recevoir, elle le reconnut, parmi quelques autres, par l'avertissement des voix, du moins comme elle le raconta. Elle dit qu'elle venait de la part de son seigneur, à qui appartenait le royaume de France, et non pas au Dauphin, mais que ce seigneur voulait bien donner le royaume en garde au Dauphin, et qu'elle le mènerait sacrer. « Qui est ce Seigneur ? » demanda le sire de Baudricourt. — « Le Roi du ciel, » répondit-elle.

Ces paroles confirmèrent le sire de Baudricourt dans la pensée qu'elle était folle, et il la renvoya.

Cependant elle s'était établie chez un charron à Vaucouleurs, et sa piété faisait l'admiration de toute la ville ; elle passait les journées à l'église en ferventes prières ; elle se confessait sans cesse ; elle commu-

niait fréquemment ; elle jeûnait avec aus-
térité, et toujours elle continuait à dire
qu'il fallait aller vers le noble Dauphin pour
le faire sacrer à Reims. Peu à peu, tant
d'assurance et de sainteté commençait à
persuader les gens de la ville et des environs. Le sire de Baudricourt, ébranlé par
tout ce qu'il entendait dire, s'en vint voir
Jeanne avec le curé ; et là, enfermés avec
elle, le prêtre tenant sa sainte étole, l'ad-
jura de s'éloigner d'eux, si elle était poussée
par le mauvais esprit. Elle se traîna sur les
genoux pour venir adorer la croix ; rien en
elle ne témoigna ni crainte ni embarras.

Peu après, un gentilhomme des environs, nommé Jean de Novelompont, la ren-
contra : « Ah ! que faites-vous ici, ma mie ?
« lui dit-il ; ne faut-il pas se résoudre à voir
« le roi chassé et à devenir Anglais ? —
« Ah ! dit-elle, le sire de Baudricourt ne se
« soucie ni de moi, ni de mes paroles ; ce-

« pendant il faut que je sois devers le roi
« avant la mi-carême, dussé-je user mes
« jambes jusqu'aux genoux pour m'y rendre
« en personne ; car personne au monde, ni
« roi ni duc, ne peut relever le royaume de
« France, il n'y a de secours pour lui qu'en
« moi. Si, pourtant, j'aimerais mieux rester
« à filer près de ma pauvre mère, car ce
« n'est pas là mon ouvrage ; mais il faut
« que j'aille et que je le fasse, puisque mon
« Seigneur le veut. — Qui est votre Sei-
« gneur ? » reprit le gentilhomme. — « C'est
« Dieu, » répliqua-t-elle. Le sire de Novelompont se sentit persuadé ; il lui jura aussitôt par sa foi, la main dans la sienne, de
la mener au roi sous la conduite de Dieu.

Un autre gentilhomme des amis de sire
de Baudricourt, nommé Bertrand de Pousengi, se laissa aussi toucher, et crut, comme
toute la contrée, que cette pauvre fille était
conduite par l'esprit du Seigneur. Il résolut

de la mener au roi avec le sire de Novelompont, et ils se préparèrent à ce voyage.

La renommée publiait de plus en plus les
merveilles de la dévotion de Jeanne et de
ses visions, si bien que Charles II, duc de
Lorraine, se sentant malade et voyant que
les médecins ne le guérissaient point, envoya chercher cette sainte fille. Elle lui dit
qu'elle n'avait aucune lumière du ciel pour
lui rendre la santé; mais, comme en toute
occasion elle recommandait toujours la sagesse et la crainte de Dieu, elle lui conseilla
de mieux vivre avec la duchesse, de la rap-
peler près de lui et de renvoyer Allizon du
May, sa maîtresse, avec laquelle il vivait
publiquement. Du reste, elle demanda au
prince, comme elle faisait à tout le monde,
de la faire conduire vers le roi, et promit
de dire alors des prières pour sa guérison.
Le duc de Lorraine la remercia et lui donna
quatre francs.

Quand elle fut de retour à Vaucouleurs, le sire de Baudricourt consentit enfin à l'envoyer au roi. On assura depuis, tant chacun était porté à rendre toute cette histoire plus merveilleuse encore, que ce capitaine s'était laissé persuader; seulement, lorsque recevant la nouvelle de la journée des Harengs, il avait eu souvenir que Jeanne, à pareil jour, lui avait dit : « aujourd'hui « le gentil Dauphin a reçu près d'Orléans « un assez grand dommage. » Mais comme elle partit de Vaucouleurs le matin même de la bataille, la chose ne put se passer ainsi. Il paraît au contraire que Robert de Baudricourt céda plus à la voix publique qu'à sa propre conscience.

Dès que les gens de Vaucouleurs surent qu'on allait envoyer Jeanne vers le roi, ils lui fournirent avec empressement tout ce qu'il fallait pour l'équiper. On lui fit prendre un vêtement de guerrier, elle mit un

chaperon, chaussa des houzeaulx et attacha des éperons. On lui acheta un cheval ;
sire Robert lui donna une épée, puis reçut
le serment que Jean de Novelompont et
Bertrand de Pousengi firent, entre ses
mains, de la conduire fidèlement au roi.
Toute la ville en grande émotion s'assembla pour la voir partir. « Va, lui dit sire
Robert, et advienne que pourra. »

Outre les deux gentilshommes qui avaient
cru en ses paroles, et qui emmenaient chacun un de leurs serviteurs, elle voyageait
encore avec un archer et un messager at-
tachés au service du roi. C'était une entreprise difficile que de traverser un si grand
espace de pays, parmi des compagnies de
Bourguignons, d'Anglais et de brigands qui
se répandaient de tous côtés. Il fallait s'é-
carter des chemins fréquentés, prendre
gîte dans les hameaux, chercher route à travers les forêts, passer les rivières à gué, du-

rant l'hiver. Jeanne aurait eu peu de soucis de telles précautions ; elle ne craignait rien : rassurée par ses visions, elle ne doutait pas d'arriver jusqu'au Dauphin. Son seul déplaisir, c'est que ses conducteurs ne lui permettaient pas d'entendre chaque jour la messe. Eux, au contraire, ne partageaient guère sa confiance. Souvent ils hésitaient dans la croyance qu'ils devaient ajouter à ses discours. Parfois ils la prenaient pour folle. L'idée leur venait aussi que ce pourrait bien être une sorcière, et alors ils pensaient à la jeter dans quelque carrière. Cependant elle faisait paraître tant de dévotion, tant de modestie, tant de fermeté, que plus ils avançaient dans le voyage, plus ils prenaient de respect pour elle, plus ils la croyaient envoyée de Dieu.

Arrivée à Gien, elle se trouva sur terre française ; là elle apprit plus en détail les malheurs et les dangers de la ville d'Orléans. Elle dit hautement qu'elle était envoyée de Dieu pour la délivrer, puis pour faire sacrer le Dauphin. Le bruit de ces paroles se répandit et vint jeter quelque bonne espérance au cœur des assiégés.

Les voyageurs ne voulurent pas arriver droit auprès du roi, à Chinon. Ils s'arrêtèrent au village de Sainte-Catherine de Fier-Bois. Là Jeanne fit écrire au roi une lettre, pour lui dire qu'elle venait de loin à son secours, et qu'elle savait beaucoup de bonnes choses pour lui. L'église de Sainte-Catherine était un lieu de pèlerinage; Jeanne s'y rendit et y passa un long temps de la journée, entendant trois messes l'une après l'autre. Bientôt elle reçut la permission de venir à Chinon. Elle y prit gîte en une hôtellerie, et parut peu après devant les conseillers du roi; elle refusa d'abord de répondre à tout autre qu'au roi; cependant elle finit par dire les choses qu'elle venait accomplir par l'ordre du Roi des cieux.

Rien ne fut décidé. Beaucoup de conseillers croyaient qu'il ne fallait pas écouter une fille insensée; d'autres disaient que le roi devait pour le moins l'entendre et envoyer en Lorraine pour avoir des informations. En attendant, elle fut logée au château du Coudray, sous la garde du sire de Gaucourt, grand maître de la maison du roi.

Là, comme à Vaucouleurs, elle commença à étonner tous ceux qui la voyaient, par ses paroles, par la sainteté de sa vie, par la ferveur de ses prières, durant lesquelles on la voyait souvent verser des larmes. Elle communiait fréquemment, elle jeûnait avec sévérité. Ses discours étaient toujours les mêmes, répétant, avec assurance, les promesses de ses voix : au reste, simple, douce, modeste et raisonnable. Les plus grands seigneurs étaient curieux de venir voir cette merveilleuse fille et de la faire parler.

Après trois jours de consultation, le roi consentit enfin à la voir. Il en avait peu d'envie; mais on lui représenta que Dieu protégeait sûrement cette fille, puisqu'elle avait pu venir jusqu'à lui par un si long chemin, à travers tant de périls. Ce motif le toucha. D'ailleurs Dunois, chargé de la défense d'Orléans, et les assiégés avaient déjà envoyé à Chinon pour éclaircir les bruits qui couraient touchant cette pucelle, d'où leur devait venir du secours.

Le roi, pour l'éprouver, ne se montra pas d'abord, et se tint un peu à l'écart. Le comte de Vendôme amena Jeanne, qui se présenta bien humblement, comme une pauvre petite bergerette. Cependant elle ne se troubla pas; et bien que le roi ne fût pas si richement vêtu que beaucoup d'autres qui étaient là, ce fut à lui qu'elle vint. Elle

s'agenouilla devant lui, embrassa ses genoux. « Ce n'est pas moi qui suis le roi,
« Jeanne, dit-il en montrant un de ses
« seigneurs; le voilà. — Par mon Dieu,
« gentil prince, reprit-elle, c'est vous et non
« autre. » Puis elle ajouta : « Très-noble
« seigneur Dauphin, le Roi des cieux vous
« mande par moi, que vous serez sacré
« et couronné en la ville de Reims et
« serez son lieutenant au royaume de
« France. »

Le roi, pour lors, la tira à part, et s'en-
tretint avec elle longtemps; il semblait se
plaire à ce qu'elle disait et son visage devenait joyeux en l'écoutant. Il fut raconté
que, dans cet entretien, elle avait dit au roi
des choses si secrètes, que lui seul et Dieu
les pouvaient savoir; elle-même rapporta
qu'après avoir répondu à beaucoup de questions, elle avait ajouté : « Je te dis de la
« part de Messire, que tu es vrai héritier

« de France et fils de roi, » et il se trouvait précisément que peu auparavant le roi, accablé de ses chagrins et presque sans espérance, s'était retiré en son oratoire ; là, il avait, au fond de son cœur et sans prononcer de paroles, prié Dieu que, s'il était véritablement descendu de la noble maison de France et que le royaume dût justement lui appartenir, il plût à sa divine bonté de le lui garder et défendre ; du moins de lui épargner la prison et la mort, en lui accordant refuge chez les Écossais ou les Espagnols, anciens amis et frères d'armes du roi de France.

Un autre incident accrut encore la renommée de Jeanne et tourna les esprits vers elle. Un cavalier vint à se noyer ; on assura que peu de moments auparavant il avait grossièrement insulté Jeanne ; et comme les paroles déshonnêtes qu'il lui adressait étaient mêlées de mauvais jurements :

« Ah ! tu renies Dieu, avait-elle dit, quand
« tu es si proche de la mort. »

D'ailleurs la prophétie de Merlin semblait
s'appliquer à cette jeune fille : celle qui était
destinée à délivrer le royaume devait venir
e nemore canuto ; et lorsqu'on lui demanda
le nom des forêts de son pays, elle dit que
tout auprès de Domremy il y avait le bois
Chesnu.

Ainsi, de moment en moment, elle ga-
gnait faveur auprès de tous ; elle avait un
visage agréable, une voix douce, un maintien honnête et convenable. Le roi, depuis
ce secret qu'elle lui avait dit, l'avait prise
en gré et la faisait appeler souvent pour
parler avec elle. On la faisait monter à cheval, et l'on trouvait qu'elle s'y tenait fort
bien, avec beaucoup de grâce : on lui fit
courir des lances et elle y montra de l'a-
dresse. Les serviteurs du roi et les seigneurs
étaient donc presque tous d'avis de croire

à ses paroles et de l'envoyer, comme elle le demandait, contre les Anglais. Les députés d'Orléans étaient repartis pleins d'espoir dans les promesses qu'elle leur avait faites.

Mais les conseillers du roi ne se montraient pas si prompts à ajouter foi à tout ce qu'elle promettait. C'était chose périlleuse au roi de régler sa conduite sur les discours d'une villageoise que quelques-uns regardaient comme folle.

Les Français ne passaient pas pour un peuple crédule ; cela pouvait donner beaucoup à parler au monde et jeter un grand ridicule. En outre, et ceci semblait bien plus grand, quelle assurance avait-on que les visions et l'inspiration de cette fille ne vinssent pas du démon, ou de quelque pacte fait avec lui ? Pouvait-on encourir ainsi la colère de Dieu, en usant des arts diaboliques ?

Pour mieux éclaircir des doutes si graves,
le roi s'en alla à Poitiers, et y fit conduire
Jeanne. L'université de cette ville était célèbre ; le parlement de Paris y siégeait.
C'était un lieu où l'on ne pouvait manquer
d'avoir de grandes lumières et de sages conseils. Aussi Jeanne disait-elle en chevauchant pour s'y rendre : « Je sais bien que
« j'aurai fort à faire à Poitiers, où l'on me
« mène ; mais Messire m'aidera ; or, allons-y
« donc de par Dieu ! »

Le roi assembla tous ses conseillers,
et leur ordonna de faire venir des maîtres en théologie, des juristes et des gens
experts, pour interroger cette fille touchant
la foi.

Regnault de Chartres, archevêque de
Reims et chancelier de France, manda d'habiles théologiens, et leur enjoignit de rapporter au conseil leur opinion sur la doctrine et les promesses de cette fille ; de dire

aussi si le roi pouvait licitement accepter ses services.

Les docteurs parlèrent à Jeanne avec douceur, mais chacun lui déduisit longuement les raisons qu'il y avait de ne point la croire. Elle répondit à tout sans s'épouvanter, elle raconta comment une voix lui avait apparu ; comment, pendant plusieurs années, elle avait eu les mêmes visions et reçu les mêmes ordres de la part du Ciel. « Mais si « Dieu veut délivrer la France, lui disait-on, « il n'a pas besoin de gens d'armes. — Eh ! « mon Dieu, répliqua-t-elle, les gens d'armes « batailleront, et Dieu donnera la victoire.

« Et quel langage parlent vos voix ? » lui dit, avec son accent limousin, frère Séguin qui l'interrogeait plus aigrement que les autres. « Meilleur que le vôtre, » répondit-elle avec un peu de vivacité.

« Si vous ne donnez pas d'autre signe pour « faire croire à vos paroles, ajouta-t-il, le

« roi ne pourra point vous prêter d'hommes
« d'armes, car vous les mettriez en péril. —
« Par mon Dieu, dit-elle, ce n'est pas à Poi-
« tiers que je suis envoyée pour donner
« des signes; mais conduisez-moi à Or-
« léans avec si peu d'hommes d'armes que
« vous voudrez, et je vous montrerai des
« signes pour me croire. Le signe que je
« dois donner, c'est de faire lever le siége
« d'Orléans. » Enfin, elle ajouta, d'après
ses voix, que les Anglais laisseraient ce
siége, que le roi serait sacré à Reims, que
Paris obéirait au roi et que le duc d'Orléans
reviendrait d'Angleterre.

Rien ne la faisait varier dans ses réponses,
c'était toujours la même simplicité et la
même assurance; vainement on multipliait
les interrogatoires et les examens, vainement tous et chacun des docteurs lui expli-
quaient savamment leurs doutes : « Je ne
« sais ni A ni B, disait-elle, mais je viens de

« la part du Roi du ciel pour faire lever le
« siége d'Orléans et conduire le roi à Reims ; »
et lorsqu'on lui citait des livres pour prouver
qu'on ne la devait pas croire : « Il y a plus
« au livre de Messire qu'au vôtre. »

Cependant sa façon dévote de vivre, ses
longues prières durant le jour et la nuit, ses
jeûnes, ses fréquentes communions, donnaient de plus en plus une haute idée de sa
sainteté. Les deux gentilshommes qui l'a-
vaient amenée, questionnés curieusement
par tout le monde, ne tarissaient point dans
leurs louanges, et parlaient toujours du miracle de leur périlleux voyage. Les femmes
qui allaient la voir en revenaient tout atten-
dries ; les meilleurs témoignages étaient
venus de Vaucouleurs. Enfin Christophe de
Harcourt, évêque de Castres et confesseur
du roi, fut des premiers à dire hautement
que c'était la fille annoncée par la prophétie.

On consulta aussi un des plus sages et

des plus habiles prélats de France, Jacques
Gélu, archevêque d'Embrun, qui avait été
membre du parlement. Il composa un traité
sur les questions qu'on lui présentait; il
montra bien doctement, par des citations
de l'Écriture, qu'il n'était pas étrange que
Dieu s'entremît directement dans les affaires
d'un royaume; que Dieu pouvait pour cela,
au lieu de se servir des anges, employer les
créatures humaines, et que même des ani-
maux avaient accompli des miracles, qu'il
pouvait aussi charger une femme de faire
des choses qui sont de l'office des hommes,
qu'ainsi il ne fallait pas se scandaliser,
comme beaucoup semblaient l'être, de voir
une femme, contre l'ordre précis du *Deuté-
ronome*, porter des vêtements d'homme;
qu'une fille pouvait donc être chargée de
commander à des gens de guerre. C'était
un mystère sans doute; mais Dieu a souvent dit à des vierges des secrets qu'il a ca-

chés aux hommes, témoin la sainte Vierge et les savantes sibylles. Quant à la crainte de tomber dans un artifice du démon, le prélat convenait qu'on ne peut juger d'où vient le pouvoir d'une personne que par sa conduite, par ses œuvres et par le bien qu'elle fait. Enfin, il ajoutait qu'en ceci il était à propos d'employer toutes les règles de la prudence humaine; car elle peut et doit être consultée dans toutes les choses qui se font ici-bas par l'ordre de la Providence.

On écrivit au célèbre Jean Gerson, qui, après le concile de Constance, où il avait si fortement poursuivi la condamnation de la doctrine de Jean Petit, s'était retiré à Lyon et y vivait pour ainsi dire caché, se dérobant aux vengeances du duc de Bourgogne.

Soit par curiosité, soit par la vulgaire croyance que le démon ne pouvait conclure

aucun pacte avec une vierge, le roi résolut
de s'assurer si Jeanne avait toujours été
sage ; pour ne la point offenser, ce fut la
reine de Sicile, mère de la reine de France,
et la dame de Gaucourt, qui reçurent cette
commission ; elles rendirent un témoignage
favorable ; on sut aussi que Jeanne n'avait
point les infirmités attachées à son sexe,
ainsi que cela se remarque souvent parmi
les femmes qui ont des visions. Enfin les
docteurs firent leur rapport au conseil ; ils
déclarèrent qu'ils n'avaient vu, su, ni connu
en cette pucelle, rien qui ne fût conforme
à une bonne chrétienne et une vraie catholique ; qu'à leur avis c'était une personne
très-bonne, et qu'il n'y avait rien que de
très-bon en son fruit. Attendu ses réponses
si prudentes qu'elles semblaient inspirées,
son langage, sa sainte vie, sa louable renommée ; attendu aussi le péril imminent
de la bonne ville d'Orléans dont les habi-

tants ne devaient attendre secours que de
Dieu, les docteurs furent d'opinion que le
roi pouvait accepter les services de cette
jeune fille. Plusieurs même parlaient d'elle
avec une foi plus ardente, et tenaient pour
assuré qu'elle venait de la part de Dieu.

La chose ainsi conclue, on donna à Jeanne
l'état d'un chef de guerre. Jean, sire de
Daulon, du conseil du roi, brave et sage
chevalier, fut placé près d'elle, pour la conduire et la servir, comme son écuyer. Dès
son arrivée, Louis de Contes avait été mis
à son service comme page. Un second gentilhomme fut aussi choisi pour remplir le
même emploi. On attacha encore à sa personne deux hérauts, Guyenne et Ambleville,
elle prit pour chapelain un bon religieux
nommé frère Pasquerel, elle eut aussi un
nombre suffisant de valets et autres gens
pour la servir.

Le roi était retourné à Chinon, et le duc

d'Alençon était allé à Blois, préparer le convoi qui devait essayer d'entrer dans Orléans avec Jeanne. On lui fit faire une armure complète, à la forme de son corps ; mais elle dit que, par l'ordre de ses voix, elle voulait une vieille épée marquée de cinq croix, qu'on trouverait dans la chapelle de Sainte-Catherine de Fierbois. L'armurier du roi s'y rendit et on en découvrit en effet une, telle qu'elle l'avait demandée, parmi de vieilles armes données jadis à la chapelle, et qui étaient entassées près de l'autel. Comme maintenant on commençait à voir des miracles dans tout ce que faisait la Pucelle, le bruit se répandit que jamais elle n'avait visité ni le village, ni l'église de Sainte-Catherine.

Par le commandement de son conseil céleste, elle fit faire un étendard de couleur blanche, semé de fleurs de lis, sur lequel était figuré le Sauveur des hommes, assis en son tribunal dans les nuées du ciel, tenant un globe à la main. Deux anges étaient en adoration et l'un d'eux portait une branche de lis ; de l'autre côté, elle avait fait écrire : JHÉSUS, MARIA. Elle ordonna aussi à son aumônier de faire faire une autre bannière, afin de la porter en procession avec les autres prêtres qui viendraient en la compagnie des gens d'armes.

Vers la fin d'avril elle se rendit à Blois, où l'on achevait de rassembler des vivres pour en charger le convoi qui allait se diriger sur Orléans ; tous les principaux capitaines du Roi étaient arrivés en cette ville, sur la renommée de cette miraculeuse pucelle.

Cependant le commun des gens d'armes n'avait pas grande confiance dans tout ce qu'on leur disait de cette fille ; volontiers ils s'en seraient raillés. Il n'y avait alors rien de si déréglé que les hommes de guerre ; depuis si longtemps qu'on guerroyait et

qu'on vivait dans le désordre, ils avaient
appris à ne rien respecter. Mais Jeanne
n'entendit pas que cela se passât ainsi ; elle
avait horreur du péché et de la mauvaise
conduite. Elle ordonna à tous les gens de
guerre de renvoyer les fillettes qu'ils me-
naient avec eux, elle ne voulait recevoir
aucun dans sa troupe qui ne se fût confessé.
Lorsque l'on proférait devant elle quelques
méchants jurements, elle se fâchait et ne le
pardonnait pas même au brave capitaine La
Hire, qui d'habitude jurait et maugréait
comme les moindres gens d'armes, dont il
avait toutes les façons. Aussi, s'amusant à la
courroucer, lui criait-il parfois en tenant le
bout de sa lance : « Jeanne, je renie... mon
bâton. » Elle le força même de se confesser.
Soir et matin, frère Pasquerel prenait sa
bannière et s'en allait par la ville, suivi de
tous les prêtres de Blois ; chantant des
hymnes et des cantiques. Jeanne était au

milieu d'eux priant de tout son cœur et se
mettant sans cesse à genoux. De si saintes
pratiques donnaient à la Pucelle un prodi-
gieux renom dans l'esprit des peuples. Ils
souffraient de si grands maux, et depuis si
longtemps ils étaient témoins de tant de
crimes; chacun avait tellement oublié tous
les devoirs envers Dieu et envers le prochain;
les riches avaient un luxe si offensant pour
la misère des pauvres; ceux-là avaient si peu
de respect pour le bien d'autrui; la noblesse
était si fort livrée à ses passions; les femmes,
et surtout celles de haute lignée, avaient si
peu de retenue, et portaient des ajustements
si indécents et si ridicules qu'on ne savait
qui était le plus fort ou du scandale ou de la
calamité; tous les gens de bien et même le
commun du peuple ne pouvaient donc attribuer de si grands malheurs qu'à la colère
de Dieu.

Aussi commençaient à se montrer des saints

et éloquents prédicateurs qui blâmaient avec rudesse et sans ménagement les vices et les péchés du temps. Plus leurs discours étaient sévères et emportés, plus le peuple se portait en foule pour les entendre.

Il n'y avait pas un an qu'un carme, nommé Thomas Connecte, était venu de Bretagne en Flandre et en Picardie. Il avait voyagé de ville en ville en faisant de beaux sermons : les églises ne suffisaient pas à contenir tous ceux qui voulaient l'entendre. On dressait pour lui, sur la grande place, un échafaud orné de belles tapisseries; là il célébrait la messe, puis faisait ses prédications. Le commun peuple s'y plaisait surtout, parce qu'il n'épargnait personne, et moins encore les gens d'église que les autres. Il était surtout grand ennemi des hautes coiffures que portaient alors les nobles dames, et qu'on nommait des *hénins;* même il excitait les petits enfants à poursuivre et à insulter en pleine rue les dames qui n'avaient pas quitté cette parure ; cela occasionna d'abord des tumultes dans quelques villes. Cependant les plus grandes dames finirent par porter de simples béguins, comme les femmes du petit état, et il se faisait apporter les hénins pour les brûler devant tout le monde. Il fallait bien aussi, sous peine d'excommunication, venir livrer au feu les cartes, les dés, les damiers, les échiquiers, les quilles et les jeux de toute sorte. Du reste, c'était un homme triste, et qui ne se laissait point parler. Hormis aux heures de ses prédications, il vivait seul et renfermé. En peu de temps il fut honoré et exalté comme un apôtre. Nobles, clergé, bourgeois, venaient à sa rencontre. Les plus notables chevaliers tenaient à honneur de marcher à pied devant lui en conduisant son mulet par la bride. On en vit même, et entre autres un seigneur Antoing, laisser là père, mère, femme, enfants, amis, richesses, pour se faire son disciple et le suivre partout. Depuis il s'en alla en Italie et continua à vouloir réformer les moines et le clergé.

Mais il y en avait un autre, nommé frère Richard, de l'ordre des Cordeliers, disciple de saint Vincent-Ferrier, qui avait encore plus grande renommée. Il était venu à Paris au commencement d'avril, et avait prêché presque tous les jours, tantôt dans les églises, tantôt sur un échafaud au cimetière des Innocents; jamais le peuple de Paris ne s'était senti touché d'une si grande dévotion, et l'on disait que frère Richard avait converti plus de pécheurs en un jour que tous les prédicateurs passés en deux cents ans. Les tables de jeu, les billards, les billes furent jetées au feu. Les femmes des bourgeois accouraient pour faire brûler leurs grands chaperons soutenus par des pièces de cuir ou de baleine, et les nobles demoiselles leurs coiffures à grandes cornes, d'où pendaient de longs voiles à queue. Il sut même persuader à beaucoup de personnes de toutes sortes de livrer au feu les mandragores qu'elles gardaient précieusement. C'étaient des racines de forme singulière que les sorcières donnaient à ceux qui croyaient à leur méchante science, persuadant à ces gens-là que tant qu'ils les garderaient, ils seraient en prospérité et richesse. Il y avait de crédules personnes, qui, depuis beaucoup d'années, conservaient leur mandragore avec un soin particulier, enveloppée de soie ou de toile de lin, sans pour cela avoir jamais eu un denier de plus; mais elles vivaient en bonne espérance de s'enrichir. Frère Richard leur fit honte et reproche d'avoir foi en de telles ordures. Il faisait aussi de grandes prédictions tirées de l'Apocalypse; enfin il mettait un tel

mouvement dans la ville de Paris, que les
Anglais en prirent ombrage ; ils lui ordonnèrent de s'en aller. Alors il fit son dernier
sermon, recommanda le peuple à Dieu, demanda à chacun de prier pour lui, comme
aussi il prierait pour tous. Il distribua des
pièces d'étain où était gravé le nom de Jésus ; il conjura les fidèles de ne pas oublier
leurs bonnes résolutions. L'entendant parler ainsi, grands et petits pleuraient à chau-
des larmes comme s'ils eussent vu porter en
terre le meilleur de leurs amis. On accorda
encore quelques jours aux instances de
toute la ville. Il annonça un grand sermon
à Montmartre ; les Parisiens accoururent de
tous les quartiers ; plus de six mille personnes couchèrent dans des masures ou en
plein champ, pour avoir de meilleures places. Mais quand vint le matin, il fut interdit
par les Anglais à frère Richard de faire sa
prédication. Il lui fallut partir aussitôt.

C'était juste dans le moment où la Pucelle s'apprêtait à secourir Orléans.

Elle partit de Blois avec le convoi, accompagnée des principaux chefs de guerre. Elle eût voulu qu'on se dirigeât tout droit vers Orléans, par la rive droite de la Loire et par la Beauce; c'était de ce côté que les Anglais avaient leurs plus grandes forces, leurs bastilles les mieux fortifiées, leurs boulevards les mieux assis. Jeanne s'en inquiétait peu; mais les capitaines voulaient plus de prudence, et le bâtard de Dunois avait recommandé qu'on ne risquât point une telle entreprise. Pour contenter la Pucelle, on lui dit qu'on ferait ce qu'elle voulait, puis on passa la rivière pour faire route par la rive gauche et la Sologne. Frère Pasquerel ouvrait la marche, portant sa sainte bannière et chantant le *Veni creator* et d'autres hymnes, avec le clergé. Jeanne continuait de faire de sévères réprimandes à tous les gens d'armes, et à les faire confesser ; elle communia devant eux en grande cérémonie.

Le troisième jour on arriva devant Orléans, et elle fut bien surprise et fâchée de voir qu'on l'avait trompée et que la rivière était entre la ville et l'armée. Pour essayer de communiquer avec les assiégés, il fallait remonter un peu au-dessus, car leurs barques ne pouvaient venir prendre les vivres et les munitions sous les bastilles des Anglais. Jeanne voulait qu'on attaquât aussitôt une de celles qui était construite au bord de la Loire; mais cela semblait peu raisonnable. Dunois, voyant arriver le convoi, traversa dans un petit bateau pour venir se consulter avec les chefs. « Êtes-vous le « bâtard d'Orléans? dit-elle. — Oui, reprit- « il, et bien joyeux de votre venue. — C'est « vous, ajouta-t-elle, qui avez conseillé de « passer par la Sologne et non par la Beauce, « tout au travers de la puissance des An-

« glais. — C'était, répliqua-t-il, le conseil
« des plus sages capitaines. — Le conseil
« de Messire est meilleur que le vôtre et
« que celui des hommes, reprit Jeanne;
« c'est le plus sûr et le plus sage. Vous avez
« cru me décevoir, et vous êtes déçu vous-
« même, car je vous amène le meilleur se-
« cours que reçut jamais chevalier ou cité :
« le secours du Roi des cieux, donné non
« pour l'amour de moi, mais procédant pu-
« rement de Dieu; lequel à la requête de
« saint Louis et de saint Charlemagne a eu
« pitié de la ville, et n'a pas voulu que les
« ennemis eussent à la fois le corps du duc
« d'Orléans et sa ville. »

Dunois proposa de suivre la rivière à
deux lieues plus haut, jusqu'au château de
Chécy, qui avait garnison française; là, les
barques d'Orléans remonteraient et pourraient être facilement chargées. Mais le vent
était contraire; naviguer à la rame était

lent et partant fort dangereux. Rien n'inquiétait la Pucelle. Dès le commencement
elle avait dit : « Nous mettrons les vivres
« dans Orléans, à notre aise, et les Anglais
« ne feront pas semblant de l'empêcher. »
Elle assura que le vent allait changer. Le
temps était orageux, la pluie tombait par
torrents, le jour finissait, du moins les Anglais le racontèrent ainsi, et le vent ayant en
effet tourné, les barques remontèrent sans
être attaquées. Chacun commençait à prendre meilleure espérance aux promesses de
Jeanne; tout semblait miracle dans ce qui se
faisait sous sa conduite; il y avait même des
gens qui voyaient, disaient-ils, croître tout à
coup les eaux du fleuve pour hâter le voyage
des barques. On y chargea les munitions; la
garnison prit les armes, attaqua les Anglais
sur la rive droite, pour les occuper de ce
côté, et l'entreprise réussit de tous points.

Mais les chefs n'avaient pas l'ordre de

conduire leurs gens d'armes dans la ville ;
ils n'étaient venus que pour garder le convoi, et devaient retourner à Blois, où l'on
rassemblait de plus grandes forces. Jeanne,
à qui on l'avait caché, se montra fort cour-
roucée. Le bâtard d'Orléans et les gens de la
ville voulaient absolument qu'elle y entrât ;
mais elle disait : « Il me ferait peine de
« laisser mes gens, et je ne le dois pas
« faire ; ils sont tous bien confessés, et en
« leur compagnie je ne craindrais pas toute
« la puissance des Anglais. » Enfin elle
céda aux prières des gens d'Orléans, et aux
promesses que lui firent les capitaines, de
venir au plus tôt en grande force pour secourir la ville ; mais elle voulut que son confesseur et les prêtres reprissent la même
route avec ses gens pour les maintenir en
sainte disposition, et les accompagner quand
ils reviendraient à Orléans. Puis elle y entra
avec La Hire et deux cents lances. Le maré-

chal de Boussac ne la voulut pas quitter qu'elle ne fût dans la ville et en sûreté.

Elle fit son entrée tout armée, montée sur un cheval blanc, ayant à la gauche le bâtard d'Orléans, et suivie de tous les vaillants seigneurs de sa suite et de la garnison. Le peuple, les gens de guerre, les femmes, les enfants se pressaient autour d'elle, tous se tenaient pour délivrés et arrivés à la fin de leurs maux et de leurs périls ; ils se sentaient tous réconfortés et comme desassiégés par la vertu divine qu'on leur avait dit être en cette simple pucelle. Il semblait qu'ils vissent un ange de Dieu ou Dieu lui-même descendu parmi eux. Sa bannière sainte, son armure, son adresse à manier son cheval, tout paraissait merveilleux ; chacun voulait toucher ou ses vêtements, ou son étendard, ou son cheval. Pour elle, elle répondait doucement, en exhortant le peuple à honorer Dieu et à espérer d'être délivré par lui de la fureur des ennemis. Elle commença par aller à l'église chanter un *Te Deum;* puis on la logea chez un des principaux bourgeois, dont la femme était des plus vertueuses de la ville; elle refusa le souper splendide qu'on lui avait préparé, et trempa frugalement quelques tranches de pain dans de l'eau et du vin. Les Orléanais n'avaient plus un autre entretien que les paroles et les actions de Jeanne.

Parmi les Anglais, les esprits n'étaient pas moins occupés de cette fille merveilleuse. Depuis deux mois qu'elle était arrivée près du roi de France, la renommée avait répandu partout le bruit de ses promesses. Les récits allaient se grossissant de proche en proche; les étrangers qui se trouvaient en France en écrivaient dans leur pays. On disait surtout qu'elle était douée du don de prophétie, que le roi et son conseil en avaient eu des preuves. On savait

que ce n'était point légèrement qu'elle avait
été admise, et seulement après de grands
doutes et beaucoup d'examens. L'idée que
tout allait changer en France, et que Dieu,
après avoir rudement châtié le royaume
pour les péchés qui s'y commettaient, allait
enfin le prendre en pitié, se répandait dans
la chrétienté.

D'ailleurs Jeanne, dès le temps qu'elle
était à Poitiers, avait dicté une lettre pour
les chefs anglais, puis la leur avait envoyée
de Blois. Telle était cette lettre.

J HÉSUS MARIA.

« Roi d'Angleterre et vous, duc de Bed-
« ford, qui vous dites régent du royaume
« de France ; vous, Guillaume de la Poule,
« comte de Sulford, Jehan, sire de Talbot,
« et vous, Thomas, sire de Scales, qui vous

« dites lieutenant dudit duc de Bedford,
« faites raison au roi du ciel; rendez à la
« Pucelle, qui est ici envoyée de par Dieu,
« le roi du ciel, les clefs des bonnes villes
« que vous avez prises et violées en France.
« Elle est ici venue de par Dieu, pour ré-
« clamer le sang royal. Elle est toute prête
« de faire paix si vous lui voulez faire rai-
« son; par ainsi que vous laisserez là la
« France, et payerez ce que vous y avez pris.
« Et entre vous, archers, compagnons de
« guerre, gentilshommes ou autres, qui êtes
« devant la ville d'Orléans, allez-vous-en
« en votre pays, de par Dieu. Et si vous
« ne le faites, attendez nouvelles de la Pu-
« celle, qui vous ira voir bien fièrement, à
« votre grand dommage. Roi d'Angleterre,
« si ainsi ne le faites pas, je suis chef
« de guerre, et en quelque lieu que j'attein-
« drai vos gens en France, je les en ferai
« aller, qu'ils le veuillent ou non. Et s'ils

« ne veulent obéir, je les ferai tous occire.

« Je suis ici envoyée de par le Roi du ciel,
« pour vous bouter hors de toute France ;
« et s'ils veulent obéir, je les prendrai à
« merci ; et n'ayez pas en votre opinion
« que vous tiendrez le royaume de Dieu, le
« roi du ciel, fils de sainte Marie ; ains le
« tiendra le roi Charles, le vrai héritier,
« car Dieu, le roi du ciel, le veut. Et cela lui
« est révélé par la Pucelle, et il entrera dans
« Paris avec bonne compagnie. Si vous ne
« voulez croire les nouvelles de par Dieu et
« la Pucelle, en quelque lieu que nous nous
« trouverons, nous frapperons tout à tra-
« vers, et ferons un si grand hahay, qu'il n'y
« en a pas eu un si grand en France de-
« puis mille ans, si vous ne faites raison.

« Et croyez fermement que le roi du ciel en-
« verra plus de force à la Pucelle que vous
« ne sauriez en mener à tous vos assauts
« contre elle et ses bons gens d'armes ; et

« aux horions, l'on verra qui a meilleur
« droit. Vous, duc de Bedford, la Pucelle
« vous prie que vous ne vous fassiez pas
« détruire; si vous lui faites raison, vous
« pouvez venir en sa compagnie, où les
« Français feront le plus beau fait qui onc-
« ques fut fait par la chrétienté; et faites
« réponse si vous voulez faire la paix en la
« cité d'Orléans : et si vous ne la faites, de
« vos biens grands dommages; il vous sou-
« viendra brièvement. « Écrit ce samedi de
« la semaine sainte. »

Entrée dans Orléans, elle prit soin d'envoyer encore signifier une lettre pareille
aux chefs anglais ; ils s'en montrèrent fort
courroucés ; ils dirent de grandes injures
de la Pucelle, l'appelèrent ribaude et va-
chère, menacèrent de la brûler, s'ils la
tenaient ; leur colère était même si grande,
qu'ils retinrent un des hérauts, et voulaient
le condamner au feu comme hérétique. Ce-

pendant ils en écrivirent auparavant à l'Université de Paris.

Si les chefs étaient troublés de la sorte, il est à croire que les simples gens d'armes et les archers avaient l'esprit encore plus ému de tout ce qui se passait. Déjà une des prophéties de la Pucelle venait de s'accomplir : les vivres étaient entrés à Orléans, et même sans combat, au moment où il importait si fort de l'empêcher, car la famine commençait à être assez cruelle dans la ville. Pourquoi n'avait-on pas même essayé d'arrêter les bateaux qui deux fois avaient passé à un trait d'arc des bastilles anglaises ? Cela n'était-il pas merveilleux ? En outre, il y avait déjà sept mois que le siége durait ; il s'était dès le commencement élevé des doutes parmi les Anglais sur l'issue de cette entreprise difficile. Leur capitaine, le comte de Salisbury, y avait péri ; les Bourguignons, les Picards, les Flamands venaient de se retirer en nombre assez grand. On commençait à remarquer quelque ennui et quelque abattement parmi les gens du siége. D'ailleurs ces archers des communes d'Angleterre, qui étaient les meilleurs du monde, et qui avaient fait gagner tant de grandes batailles, valaient toujours mieux dans les premiers temps de leur service. Ils savaient mal supporter la misère et les fatigues de la guerre; il leur fallait être bien nourris. Plus ils allaient, moins ils obéissaient à leurs capitaines; surtout ils se gardaient fort mal, comme on avait déjà vu au siége de Montargis.

Lorsque Jeanne sut qu'on retenait Guyenne, son héraut, elle voulut renvoyer Ambleville pour redemander son compagnon, et comme il avait peur : « En mon « Dieu, ils ne feront, disait-elle, aucun mal à « toi ni à lui ; tu diras à Talbot qu'il s'arme, « et je m'armerai aussi : qu'il se trouve dans

« la ville ; s'il me peut prendre, qu'il me fasse
« brûler ; si je le déconfis, qu'il lève le siége,
« et que les Anglais s'en aillent dans leur
« pays. » Tout cela ne rassurait pas Ambleville ; mais le bâtard le chargea de dire que
les prisonniers anglais et les hérauts envoyés pour traiter des rançons répondaient
de ce qui serait fait aux hérauts de la Pucelle. De la sorte Guyenne fut renvoyé.

Dès le lendemain de son arrivée, Jeanne
avait voulu que, sans plus attendre, on allât
attaquer les Anglais. La Hire et le brave sire
d'Illiers étaient assez de cet avis ; le bâtard
et les autres capitaines ne pensaient nullement que ce fût une chose à entreprendre.
Ils concertaient leurs projets avec plus de
prudence. Un secours considérable devait
être envoyé de Blois, et une portion de
toutes les garnisons françaises des environs
avait ordre de venir se réunir à Orléans.
Mais Jeanne, qui obéissait à ses voix, et qui

croyait que le roi l'avait fait maîtresse de l'armée, ne cédait pas facilement. Le sire de Gamaches, irrité de ce ton de commandement et de la soumission qu'on lui montrait, ne put se contenir. « Puisqu'on écoute, « dit-il, l'avis d'une péronnelle de bas lieu, « mieux que celui d'un chevalier tel que je « suis, je ne me rebifferai plus contre ; en « temps et lieu ce sera ma bonne épée qui « parlera, et peut-être y périrai-je, mais le « roi et mon honneur le veulent ; désormais « je défais ma bannière, et je ne suis plus « qu'un pauvre écuyer. J'aime mieux avoir « pour maître un noble homme, qu'une fille « qui, auparavant, a peut-être été je ne sais « quoi. » Ployant sa bannière il la remit au bâtard.

Celui-ci n'était pas de l'avis de Jeanne, mais il voyait qu'elle était fort à ménager, et mettait bonne espérance en elle. Il s'employa à apaiser elle et le seigneur de Ga-

maches. Ils s'embrassèrent fort en rechi-
gnant, et l'on fit enfin entendre raison à
Jeanne. Elle consentit à remettre l'attaque ;
le bâtard et le sire Daulon promirent de se
rendre à Blois pour hâter le départ des renforts. Dès le lendemain elle alla avec La Hire
et une bonne partie de la garnison les
escorter sur la route de Blois. Les Anglais
les laissèrent passer ; ils n'attaquaient plus,
et ne faisaient que se défendre dans leurs
bastilles contre les escarmouches des gens
d'Orléans.

La Pucelle avait voulu répéter de vive voix
aux ennemis les avertissements de sa lettre ;
montant sur un des boulevards des assiégés,
en face de la bastille anglaise des Tournelles, à portée de la voix, leur avait commandé de s'en aller sinon il leur adviendrait
malheur et honte. C'était sire Guillaume
Gladesdale, que les Français nommaient
Glacidas, qui commandait en ce lieu. Lui et

le bâtard de Grandville ne répondirent que par les plus vilaines injures, renvoyant Jeanne à garder ses vaches, et traitant les Français de mécréants. « Vous mentez, s'é-« cria-t-elle, et malgré vous bientôt vous par-« tirez d'ici, et une grande part de vos gens « sera tuée. Mais vous, vous ne le verrez « pas. »

Pendant qu'on attendait les secours de Blois, et que les hommes des garnisons de Montargis, de Gien, de Château-Regnard et autres forteresses arrivaient à Orléans, Jeanne, pour contenter le peuple, qui ne pouvait se lasser de la voir, et qui eût presque forcé la porte de son logis, se promena plusieurs fois par la ville. Du reste, c'était toujours la même piété, la même modestie ; toujours de longues prières à l'église, qui la jetaient dans les larmes ; toujours le nom de Notre-Dame et de Dieu à la bouche ; toujours le même courroux contre les gens de mauvaise conduite ou qui juraient par blasphème ; toujours la même assurance dans les promesses qu'elle faisait au nom de Messire.

Le bâtard d'Orléans avait sagement fait de venir à Blois, car les conseillers et surtout le chancelier délibéraient tout de nouveau pour savoir si l'on ferait une autre entreprise sur Orléans. Le bâtard et les autres représentèrent que tout était perdu, si on laissait se rompre la compagnie des gens d'armes qu'on avait assemblés à Blois. Sur ses prières et ses assurances on se résolut à envoyer le convoi par la Beauce ; il était plus fort que l'autre fois, et la garnison d'Orléans pouvait aussi le seconder mieux.

Dès qu'on sut qu'il arrivait, la Pucelle, à la tête de ceux de la ville, avec La Hire, d'Illiers et d'autres chevaliers, s'en alla au-devant du bâtard d'Orléans, du sire de Raiz, du maréchal de Boussac. Les uns et les

autres passèrent entre les bastilles des Anglais, qui ne bougèrent point. Le comte de
Suffolk, inquiet de voir ses gens troublés par
l'idée du miracle de la Pucelle, ne voulait
point se risquer. De même qu'on avait vu,
peu auparavant, huit cents Français ne pas
oser attendre deux cents Anglais, maintenant quelques centaines de Français tenaient
enfermés dans les bastilles toute la puissance des Anglais; et plus le comte de Suffolk et les chefs anglais évitaient le choc,
plus leurs hommes s'épouvantaient de la
Pucelle. Le convoi de Blois entra donc dans
la ville, précédé de frère Pasquerel et de la
procession des prêtres.

Dès le jour même, le bâtard vint visiter
Jeanne, et lui dit qu'il avait su en route
que Fastolf, celui qui avait gagné la journée
des Harengs, allait venir pour conduire aux
ennemis du renfort et des vivres. Elle en
sembla toute réjouie : « Bâtard ! bâtard !

« s'écria-t-elle, au nom de Dieu, je te com-
« mande, sitôt que tu sauras la venue de ce
« Fascot, de me le dire ; car, s'il passe sans
« que je le sache, je te promets que je te
« ferai couper la tête. » Le bâtard d'Orléans
l'assura qu'elle le saurait.

La journée avait été fatigante, Jeanne
se jeta sur son lit et voulut dormir ; mais
elle était agitée. Tout à coup elle dit à sire
Daulon, son écuyer : « Mon conseil m'a dit
« d'aller contre les Anglais, mais je ne sais
« si c'est contre leurs bastilles ou contre ce
« Fascot. Il me faut armer. » Le sire Daulon
commença à l'armer ; pendant ce temps-là
elle entendit grand bruit dans la rue ; on
criait que les ennemis faisaient en cet instant grand dommage aux Français. « Mon
« Dieu, dit-elle, le sang de nos gens coule par
« terre ! Pourquoi ne m'a-t-on pas éveillée
« plus tôt ? Ah ! c'est mal fait... Mes armes,
« mes armes !... mon cheval ! » Laissant là

son écuyer, qui n'était pas encore armé, elle descendit ; son page était sur la porte à s'amuser : « Ah ! méchant garçon, dit-elle, « qui ne m'êtes pas venu dire que le sang « de France est répandu ! Allons vite, mon « cheval ! » On le lui amena ; elle se fit donner, par la fenêtre, sa bannière qu'elle avait laissée ; sans rien attendre, elle partit, et arriva au plus tôt à la porte Bourgogne, d'où semblait venir le bruit. Comme elle y arrivait, elle vit porter un des gens de la ville qu'on ramenait tout blessé. « Hélas ! « dit-elle, je n'ai pas vu couler le sang d'un « Français sans que les cheveux se dressent « sur ma tête ! »

Encouragés par l'entrée du convoi et par la contenance timide des Anglais, quelques hommes d'armes, sans consulter les chefs, avaient, comme cela était assez la coutume, fait une sortie, et poussé jusqu'à la bastille Saint-Loup, la plus forte qu'eussent les Anglais du côté du levant. L'assaut avait été fier et merveilleusement rude ; le premier boulevard était emporté, mais les assaillants étaient en trop petit nombre, et ils étaient obligés de prendre la fuite. Pour lors arrivèrent la Pucelle, le bâtard et une foule d'hommes d'armes. Jamais, depuis le commencement du siége, il n'y avait eu autant de gens pour défendre Orléans. A la vue de la Pucelle et d'un si puissant secours, les Français poussèrent des cris de joie et retournèrent à l'assaut. Le capitaine anglais, nommé sir Thomas Guerrard, se trouvait absent. Néanmoins la bastille fut vaillamment défendue pendant près de trois heures. Talbot et les autres chefs anglais voulurent la secourir, mais il y avait des sentinelles sur les clochers et le beffroi avertissait de tous les mouvements de l'ennemi ; ainsi les gens de la ville pouvaient toujours arriver les premiers vers le lieu où se portaient les Anglais. Talbot trouva le maréchal de Boussac, le sire de Graville, le baron de Coulonges et bien d'autres chevaliers, écuyers, gens de guerre et bourgeois de la ville, en bataille devant lui. Il n'osa point attaquer, et retourna plein de tristesse et de courroux vers les boulevards du couchant, où il tenait ses quartiers. Bientôt après, la bastille de Saint-Loup fut emportée ; presque tous les Anglais qui la défendaient périrent ; on ne fit point de prisonniers ; tout fut passé au fil de l'épée. Jeanne était bien triste de voir tant de gens mourir sans confession ; elle en sauva quelques-uns qui s'étaient déguisés en prêtres, ayant pris des robes dans l'église Saint-Loup.

Cette journée était bien grande pour la gloire de la Pucelle ; elle avait combattu avec un courage aussi ferme que les meilleurs chevaliers. Aucun péril ne l'avait effrayée ni même étonnée ; mais ce n'était

pas encore le plus grand sujet d'admiration. « Ses voix l'ont miraculeusement éveil-
« lée, disait-on, et lui ont appris qu'il y
« avait un combat; puis elle a trouvé, seule
« et sans guide, le chemin de la porte Bour-
« gogne. » On ajoutait qu'aussitôt après sa
venue, pas un Français n'avait reçu de blessure. De tels discours se répandaient de là
chez les Anglais, et les tenaient ébahis et
épouvantés, si bien que leurs capitaines ne
savaient que faire ni que résoudre.

Le lendemain était le jour de l'Ascension;
on ne voulut point sortir à cause de la
sainteté de la fête. Les chefs de l'armée
tinrent un grand conseil; la Pucelle n'en
était point. On résolut d'assaillir, mais seulement par feinte, les fortes bastilles de la
rive droite, et d'aller, lorsque les Anglais
seraient occupés de ce côté, attaquer les
bastilles de la rive gauche. Il semblait en
effet très-essentiel d'établir une communi-

cation libre, avec les pays de l'obéissance
du roi. Jeanne fut ensuite appelée ; on lui
dit qu'il était arrêté d'aller contre les grandes
bastilles, au couchant de la ville ; c'était ce
qu'elle avait demandé auparavant, mais elle
vit bien qu'on lui cachait quelque chose.
« Dites ce que vous avez conclu, répondit-
« elle avec courroux, je saurai garder ce
« secret et de plus grands. » Alors le bâtard
tâcha de l'apaiser ; il lui dit qu'on lui avait
bien déclaré la vérité, mais que si les Anglais dégarnissaient la rive gauche, alors
on passerait la rivière pour attaquer de ce
côté. Elle fut contente de ce projet ; tout
fut préparé ; elle recommanda plus que jamais, qu'aucun homme d'armes n'eût l'au-
dace de venir à l'attaque sans s'être confessé. Elle donna l'exemple elle-même, et
reçut la communion.

Puis elle voulut avertir encore les Anglais, et alla près de leurs boulevards, où

un archer, par ses ordres, lança une flèche
qui portait une troisième copie de sa lettre. « Lisez, » leur cria-t-elle. Ce fut pour
eux une occasion de lui adresser, de toute
leur voix, des injures si cruelles et si offen-
santes, qu'elle ne put s'empêcher de pleurer. « Ah ! dit-elle, Messire, le roi des cieux,
« voit que ce ne sont que menteries. » Et
bientôt après elle ajouta qu'elle se sentait
consolée, car elle venait d'avoir des nouvelles de son Seigneur.

Le lendemain de bonne heure, la Pucelle
et les principaux chefs passèrent en bateaux
jusque dans une petite île proche de la rive
gauche. On mit ensuite deux bateaux en
travers pour servir de pont sur le dernier
bras de la rivière. Les Anglais avaient quatre
bastilles de ce côté : Saint-Jean-le-Blanc,
les Augustins, les Tournelles, qui était la
plus forte, et Saint-Privé. Les frayeurs de
leurs gens étaient si grandes, qu'ils com-

mencèrent, au lieu de défendre le passage, à quitter la bastille Saint-Jean, ne la trouvant pas assez forte, et se retirèrent aux Augustins et aux Tournelles.

Les capitaines de France, contents de cet avantage, craignant toujours pour la rive droite, et ne se voyant pas assez nombreux pour attaquer les Augustins, résolurent de revenir. Les Anglais encouragés par cette retraite, sortirent en poussant de grands cris, et injuriant la Pucelle; elle était déjà rentrée dans l'île. Voyant le danger des Français qui revenaient en désordre, elle traversa avec La Hire, dans une petite barque, en traînant leurs chevaux par la bride. « Ah! mon Dieu, dit-elle, courons sur « les Anglais. » Ils couchèrent leurs lances, et tout des premiers s'en allèrent frapper à travers les ennemis; ceux-ci, épouvantés, prirent la fuite honteusement. Bientôt le sire de Raiz et beaucoup d'autres arrivè-

rent; on poussa jusqu'aux palissades de la
bastille anglaise; c'était à qui marcherait le
plus tôt avec la Pucelle. Le sire Daulon et un
Espagnol, nommé le sire Partada, avaient
été commis à la garde du pont de bateaux.
Un homme d'armes vint à passer ; ils voulurent qu'il restât avec eux pour défendre
ce passage, si important en cas de retraite.
L'autre répondit avec dédain « qu'il n'en
« ferait rien. — D'aussi vaillants que vous
« y demeurent bien, reprit l'Espagnol. —
« Mais non pas moi, » répliqua le chevalier. La querelle s'engagea si bien qu'ils se
défièrent à qui se montrerait plus vaillant à
l'attaque de la bastille. Se prenant par la
main, ils coururent alors de toutes leurs
forces jusqu'à l'assaut. — Daulon les suivit,
et le pont ne fut plus gardé par personne.
Un grand et fort Anglais défendait un des
passages des palissades. Daulon alla appeler un fameux canonnier, maître Jean, du

pays de Lorraine, qui avait fait grand mal aux Anglais durant tout le siége. Il ajusta cet Anglais, et du premier coup le jeta mort par terre. Le sire de Partada et son compagnon forcèrent la palissade ; tout le monde les suivit ; la bastille fut prise, et presque tous les Anglais tués. De peur que le pillage ne détournât ses gens, la Pucelle fit mettre le feu à la bastille. On passa la nuit sur la rive gauche ; la Pucelle avait été un peu blessée au pied ; elle avait jeûné tout le jour, parce que c'était un vendredi, et ne voulait cependant point rentrer en ville, ni laisser ses gens en péril. Elle y consentit enfin.

Cependant rien ne se faisait et ne s'exécutait selon ce que les capitaines avaient conclu dans leur conseil. Toute l'attaque se portait sur la rive gauche, et l'on ne tentait rien contre la plus grande puissance des Anglais, qui se trouvaient de l'autre côté.

La nuit même ils retirèrent leurs gens de la bastille de Saint-Privé, pour se renforcer encore davantage sur la rive droite. Alors dans un esprit de prudence, il fut résolu par les chefs français, sinon d'attendre de nouveaux renforts qui maintenant arriveraient sans obstacle, du moins de ne plus laisser toute la ville se dégarnir et rester sans défense contre les Anglais, tandis qu'on assaillirait les Tournelles.

Mais la Pucelle disait : « Vous avez été à « votre conseil, et j'ai été au mien. Croyez « que le conseil de Messire tiendra, et que « celui des hommes périra. Qu'on se tienne « prêt de bonne heure, j'aurai demain beau- « coup à faire, plus que je n'ai eu jusqu'à « présent. Il sortira du sang de mon corps, « je serai blessée. »

Le sire de Gaucourt, gouverneur de la ville, et tous les capitaines du roi, qui étaient restés, résolurent de ne point céder à la volonté de Jeanne, et de ne point lui laisser emmener, comme elle le voulait, de l'autre côté de la rivière, tous les gens de la garnison et l'artillerie. Mais elle avait pour elle les bourgeois et le peuple. On fit tout ce qu'on put pour la retenir. Son hôte, trésorier du duc d'Orléans, lui disait : « Jeanne, « restez à dîner avec nous pour manger « cette alose qu'on vient d'apporter. — « Gardez-là pour souper, reprit-elle; je re- « viendrai ce soir, en repassant sur le pont « de la ville, et vous ramènerai quelque « Goddem pour en manger sa part. » Elle partit, mais le sire de Gaucourt avait fait fermer la porte Bourgogne, par où il fallait sortir, et avec quelques hommes d'armes se tenait devant pour empêcher le passage. Le peuple et même les gens d'armes, émus par les paroles de la Pucelle, s'étaient assemblés en tumulte, et demandaient avec menaces qu'on ouvrît la porte. « Vous êtes un mé-

« chant homme, cria la Pucelle au gouver-
« neur; mais que vous le veuilliez ou non,
« les gens d'armes viendront et gagneront
« aujourd'hui comme ils ont déjà gagné. »
Tout le monde se jetta sur le sire de Gaucourt et sur sa suite; il y faillit périr. La
Pucelle sortit emmenant une foule avec
elle. Durant ce temps, les bourgeois s'ap-
prêtaient aussi à attaquer la bastille des
Tournelles par la rivière, en se servant des
arches rompues du pont. Cette bastille,
merveilleusement forte, était établie sur le
bout du pont; un fossé rempli par la rivière la fermait du côté de la terre, et en
avant de ce fossé, sur le rivage, les Anglais
avaient établi un redoutable boulevard,
qu'il fallait emporter avant d'attaquer la
bastille. Sire Guillaume Gladesdale, un des
plus terribles chevaliers anglais, y commandait. Il avait avec lui la fleur des meilleurs
gens de guerre et une nombreuse artillerie.

L'assaut fut rude ; il commença sur les dix heures du matin ; tous les chevaliers de France étaient là ; le bâtard d'Orléans, les sires de Raiz, de Gaucourt, de Graville, de Guitry, de Villars, de Chailly, de Coaraze, d'Illiers, de Thermes, de Gontaut, l'amiral Culant, La Hire, Saintrailles. Les Anglais se défendaient avec une vaillance et une hardiesse de maintien que rien n'ébranlait. A coups de canon et de flèches, ils écartaient les assaillants, et lorsque les Français dressaient leurs échelles, ils les renversaient avec les haches, les maillets de plomb et les guisarmes. Enfin, vers une heure après midi, la Pucelle, qui s'était montrée avec autant de valeur que personne, qui n'avait cessé de les encourager tous et de crier que l'heure approchait où les Anglais allaient être déconfits, voyant que les Français commençaient à être las et abattus, prit une échelle, l'appliqua contre le rempart, et y monta la première. Au moment même un trait vint la frapper entre le cou et l'épaule ; elle tomba dans le fossé ; les Anglais allaient descendre et l'entourer. Le sire de Gamache arriva à son secours, la défendit avec sa hache : « Prenez mon cheval. Sans rancune, « j'avais à tort mal présumé de vous. — « Ah ! dit-elle, sans rancune, car jamais je « ne vis un chevalier mieux appris. » Elle ne pouvait monter à cheval; la blessure était grave. On emporta la Pucelle, on la désarma; la flèche sortait de près d'un demi-pied par derrière. La douleur et l'effroi la prirent; elle se mit à pleurer; mais après avoir prié un moment, elle eut la vision de ses deux saintes, et elle se sentit consolée. Elle-même arracha la flèche. Des gens d'armes s'approchèrent, et lui offrirent de charmer la blessure par des paroles merveilleuses, ainsi que cela se pratiquait souvent parmi les hommes de guerre. « J'ai-

« merais mieux mourir, dit-elle, que de pé-
« cher ainsi contre la volonté de Dieu. Je sais
« bien, ajouta-t-elle, que je dois mourir un
« jour; mais je ne sais ni où, ni quand, ni
« comment. Donc, si l'on peut, sans pé-
« cher, guérir ma blessure, je le veux bien. »
On mit sur la plaie un appareil d'huile et
de vieux lard ; elle continua à prier avec
ferveur.

Cependant sa blessure et tant d'heures
passées à un assaut inutile avaient jeté les
Français dans le découragement et la fatigue.
Les capitaines firent sonner la retraite, et
ordonnèrent d'emmener les canons. Jeanne
pria le bâtard d'attendre encore un peu.
« Eh! mon Dieu, répétait-elle, nous entre-
« rons bientôt; faites un peu reposer nos
« gens : buvez et mangez. » Elle reprit ses
armes, remonta à cheval; mais, avant de
retourner à l'attaque, elle se retira seule
dans une vigne voisine, pour prier Dieu.

Son étendard était resté aux mains de celui qui le portait, au bord du premier fossé, devant le boulevard. Le sire Daulon, que cette retraite affligeait beaucoup, imagina que si cet étendard, auquel les gens de guerre avaient si grande affection, était porté en avant, on le suivrait. Il le remit à un brave serviteur du sire de Villars, et tous deux, seuls, ils descendirent dans le fossé. La Pucelle, qui vit de loin remuer son étendard, arriva sur-le-champ, le saisit et voulut le ravoir. Ces mouvements qui agitaient la bannière parurent aux Français un signal de la Pucelle, et bientôt ils reprirent l'attaque avec un nouveau courage; tandis que les Anglais, effrayés de la revoir sur le bord du fossé, quand ils la croyaient à demi morte de sa blessure, se troublèrent et se remplirent d'épouvante.

En même temps l'attaque des bourgeois commençait du côté de la ville; les canons

et les coulevrines tiraient ainsi de part et
d'autre sur le fort des Tournelles. Les Anglais commençaient à manquer de poudre.
Bientôt les gens d'Orléans, à l'aide d'un
brave charpentier, placèrent une poutre sur
l'arche brisée qui les séparait des Tournelles. Le commandeur de Giresme y passa
le premier. Les Anglais se trouvaient ainsi
entre deux assauts ; leur frayeur s'en allait
croissant ; il y en avait qui voyaient en l'air
l'archange saint Michel et saint Aignan, le
patron d'Orléans, montés sur des chevaux
blancs et combattant pour les Français. Il
n'y avait plus à se défendre. Sire Guillaume
Gladesdale voulut alors abandonner le boulevard qu'il avait si bien gardé, et se retirer dans la bastille elle-même, derrière le
second fossé. « Rends-toi, lui criait de loin
« la Pucelle, rends-toi au Roi des cieux.
« Ah ! Glacidas, tu m'as vilainement inju-
« riée ; mais j'ai grand'pitié de ton âme et

« de celle des tiens. » Un pont-levis communiquait du boulevard à la bastille. Pendant que les Anglais y passaient avec une foule de gens, une bombarde, dirigée par ordre du sire Daulon, brisa le pont. Sire Guillaume Gladesdale tomba dans l'eau et se noya. Avec lui périrent les sires de Pommiers, de Moulines et d'autres chevaliers anglais ou du parti des Anglais, au grand regret des assaillants, qui en espéraient de bonnes rançons. On entra donc dans la bastille sans nouveau combat ; le pont fut rétabli à la hâte avec des planches, et la Pucelle, ainsi qu'elle l'avait annoncé, rentra dans la ville par le pont. Glacidas avait aussi péri, comme elle le lui avait dit quelques jours auparavant. Elle avait été blessée, après l'avoir prévu souvent et depuis longtemps. Tout se montrait en elle de plus en plus miraculeux. Bien qu'elle fût accompagnée de tant de braves chevaliers qui, certes, avaient vaillamment combattu, la victoire semblait seulement son ouvrage. Aussi l'on peut imaginer quel triomphe ce fut que sa rentrée dans Orléans ; les cloches sonnèrent toute la nuit ; le *Te Deum* fut chanté ; chacun répétait à l'envi les merveilleuses circonstances de la journée ; c'était à qui en ferait les plus incroyables récits.

Mais ce qui semblait plus surprenant, c'est que les Anglais de la rive droite n'avaient pas fait le moindre signe de secourir la bastille des Tournelles, ni d'attaquer la ville, durant qu'elle était dégarnie de ses meilleurs défenseurs. Pendant la nuit, et au bruit des réjouissances d'Orléans, le comte de Suffolk, le lord Talbot et les autres chefs anglais s'assemblèrent en conseil, et résolurent de lever le siége, de crainte qu'il ne leur en arrivât autant qu'à Guillaume Gladesdale. Cependant ils ne voulurent point se retirer avec honte. Dès la pointe du jour, après avoir mis le feu à leurs logis et à leurs bastilles, ils rangèrent tous leurs gens en bataille jusque sur les fossés de la ville, et là ils semblaient offrir le combat aux Français. A cette vue, les capitaines qui étaient dans Orléans sortirent, et plusieurs d'entre eux auraient voulu sans doute accepter ce défi ; mais la Pucelle, que sa blessure tenait au lit, se leva tout aussitôt, se revêtit de cette armure légère faite en mailles de fer, qu'on nommait jaseron, et courut aux portes de la ville. Les Français se mettaient déjà en ordre pour combattre, mais elle leur défendit d'attaquer. « Pour l'amour de Dieu « et l'honneur du saint dimanche, ne les « attaquez pas les premiers, et ne leur de- « mandez rien ; car c'est le bon plaisir et la « volonté de Dieu qu'on leur permette de « s'en aller, s'ils veulent partir ; s'ils vous « assaillent, défendez-vous hardiment, vous « serez les maîtres. »

Pour lors elle fit apporter une table en marbre béni ; on dressa un autel, les gens d'église se mirent à chanter des hymnes et des cantiques d'actions de grâces, puis on célébra deux messes : « Regardez, dit-elle, les « Anglais vous tournent-ils le visage ou bien « le dos ? » Ils avaient commencé à faire leur retraite en bel ordre, leurs étendards déployés. « Laissez-les aller ; Messire ne « veut pas qu'on combatte aujourd'hui ; « vous les aurez une autre fois. » Mais elle eut beau dire : « Ne les tuez pas, il suffit de « leur départ, » beaucoup de gens se mirent à les poursuivre, et à frapper sur les traînards et les bagages. Leurs bastilles furent trouvées pleines de vivres, d'artillerie, de munitions ; ils avaient abandonné leurs malades et beaucoup de leurs prisonniers.

Jeanne, le bâtard d'Orléans et tous les chefs de guerre retournèrent aussitôt après vers le roi. Il fit, comme on peut penser, grand accueil et grand honneur à la Pucelle. Elle, sans plus tarder, voulait qu'il allât se faire sacrer à Reims. « Je ne durerai qu'un « an, ou guère plus, disait-elle, il me faut « donc bien employer. » Cependant rien ne se décidait; beaucoup de capitaines et de conseillers étaient d'opinion qu'il fallait attaquer les Anglais en Normandie, où était leur plus grande puissance, afin de les chasser du royaume, tandis qu'en marchant vers la Champagne, on leur laissait libre tout le pays de France à l'entour de Paris et d'Orléans. Jeanne donnait pour ses raisons que sitôt le sacre, la puissance des ennemis s'en irait toujours diminuant, et que ses voix le lui avaient dit. Tant de retards la chagrinaient beaucoup; enfin, un jour que le roi tenait conseil avec l'évêque de Castres son confesseur, et Robert-le-Masson, sire de Trèves, qui avait toujours grande part à sa confiance, et qui avait exercé pendant quelque temps l'office de chancelier de France, la Pucelle vint frapper doucement à la porte. Le roi, sachant que c'était elle, la fit entrer ; elle embrassa ses genoux : « Noble Dauphin, dit-elle, ne tenez pas tant « et de si longs conseils, venez recevoir votre « digne sacre à Reims. On me presse beau- « coup de vous y mener. » L'évêque de Castres vit bien qu'elle voulait parler de ses visions. « Jeanne, dit-il, ne pouvez-vous pas « déclarer devant le roi la manière dont « votre conseil vous a parlé ? — Oui, ajouta « le roi, voulez-vous nous le dire ? — Ah ! « je vois, reprit-elle avec un peu d'embar- « ras, vous pensez à la voix que j'ai enten- « due touchant votre sacre ; eh bien ! je vous « le dirai : je me suis mise en oraison, en « ma manière accoutumée, et je me com- « plaignais que vous ne vouliez pas croire « ce que je disais ; pour lors, la voix est ve- « nue, et a dit : Va, va, ma fille, je serai à

« ton aide, va! Quand cette voix me vient
« je me sens réjouie merveilleusement, et
« je voudrais que cela durât toujours. » Et
elle tenait les yeux au ciel comme tout
heureuse et attendrie.

Tout ce qu'elle avait accompli déjà donnait tant de confiance, le peuple avait tant
de foi en elle, l'admirait si bien comme ve-
nant de Dieu, qu'on résolut de songer au
voyage de Reims. Cependant il n'y aurait
eu nulle prudence à l'entreprendre avant
d'avoir chassé les Anglais des villes qu'ils
occupaient entre la Loire et la Seine, sur
les routes d'Orléans à Paris. On assembla
de nouveau les nobles et les gens de guerre,
qui s'étaient séparés faute d'argent. Le duc
d'Alençon venait d'achever le payement de
sa rançon ; il fut le chef de l'armée. La
duchesse, sa femme, ne le voyait pas partir
sans chagrin. « Nous venons, disait-elle, de
« dépenser de grandes sommes pour le ra-

« cheter des Anglais, et s'il me croyait il
« demeurerait. — Madame, disait Jeanne,
« je vous le ramènerai sain et sauf, voire
« même en meilleur contentement qu'à
« présent, soyez sans crainte. » Sur cette
promesse la duchesse fut rassurée.

L'assemblée des hommes d'armes n'était
pas encore nombreuse. On partit de Selles
en Berry, où était venu le roi, et lorsqu'il
fut arrivé près d'Orléans, un renfort, conduit par le bâtard et le sieur d'Illiers, en
sortit et vint rejoindre le duc d'Alençon, le
tout ne faisait cependant que douze cents
lances ; avec leurs archers et leurs coutilliers c'était trois mille six cents hommes.
On avait résolu d'attaquer Jargeau, que défendait le comte de Suffolk, ses deux frères
et d'autres chefs anglais ; mais il y avait du
péril à tenter l'entreprise avec si peu de
monde. Les capitaines consultèrent entre
eux ; la Pucelle voulait toujours qu'on atta-

quât : « Ne faites point difficulté de donner
« assaut à ces Anglais, car Dieu conduit
« votre œuvre ; et n'était cela j'aimerais
« mieux garder mes brebis que de venir
« en de tels périls. » Nonobstant la puissance des paroles de Jeanne, on passa par
Orléans, où devaient encore s'assembler
d'autres gens d'armes ; car il en venait de
tous côtés, et c'était l'argent seul qui manquait pour payer leur solde.

Enfin le 11 juin, le duc d'Alençon, avec
tous les vaillants chevaliers qui avaient défendu Orléans, s'en vint devant Jargeau.
Le comte de Suffolk était sorti de la ville et
avait rangé sa garnison en bataille ; les
Français ne s'y attendaient point ; ils arrivaient en mauvais ordre. Assaillis à la hâte,
le trouble se mit parmi eux. Déjà la journée
semblait perdue ; mais la Pucelle ne perdit
point courage ; elle prit son étendard et se
porta la première en avant contre les An-

glais. Ses paroles, son bon exemple, l'assurance que tous les gens de guerre mettaient en elle, rétablirent le combat. Les Anglais ne s'épouvantèrent point ; mais ils ne purent soutenir l'effort des Français ; ils rentrèrent dans Jargeau.

Le lendemain les canons et les bombardes commencèrent à tirer sur la ville, les assiégés avaient aussi une forte artillerie. Le duc d'Alençon s'étant trop avancé, la Pucelle lui cria de s'éloigner, que la bombarde ennemie allait tirer sur lui ; il se recula, et au moment même le sire de Lude fut tué au lieu où il était. Ce prince était déjà un de ceux qui avaient le plus de croyance et d'affection pour Jeanne ; il admira bien plus encore la science que Dieu avait mise en elle.

Il fallait presser ce siége, car les Anglais attendaient de Paris un renfort considérable, qu'ils demandaient sans cesse au duc

de Bedford, et que devait commander sire
Jean Fastolf, ce capitaine si redouté des
Français. La crainte de le voir arriver trou-
blait le cœur de plus d'un homme d'armes;
la Pucelle les rassurait tous. Enfin le troisième jour il y eut brèche suffisante. Le
comte de Suffolk demanda alors à traiter,
promettant de rendre la ville dans quinze
jours, s'il n'était pas secouru. On lui répondit que tout ce qu'on pouvait accorder
aux Anglais, c'était la vie sauve et la permission d'emmener leurs chevaux. « Au-
« trement ils seront pris d'assaut, » disait
la Pucelle.

En effet on s'apprêtait à le donner. « En
« avant, gentil duc; à l'assaut ! » s'écria
Jeanne. Le prince pensait qu'on devait attendre encore un peu. « N'ayez doute, ré-
« pliqua-t-elle, l'heure est prête quand il
« plaît à Dieu; il veut que nous allions en
« avant, et veut nous aider... Ah ! gentil

« duc, as-tu peur? Tu sais que j'ai promis
« à ta femme de te ramener. »

L'assaut commença ; les gens d'armes se
jetèrent de tous côtés dans le fossé et le
comblaient de fascines. Ils dressaient leurs
échelles ; mais les Anglais se défendaient si
bien, que le combat était terrible. Il durait
depuis quatre heures ; le comte de Suffolk
fit crier qu'il voulait parler au duc d'Alençon ; il ne fut point écouté. La Pucelle,
portant son étendard, fit planter une échelle
à l'endroit où la défense était la plus âpre,
et monta hardiment. Une grosse pierre,
roulée du haut de la muraille, tomba sur
sa tête, se brisa sur le casque, et la renversa
dans le fossé. On la crut morte, mais elle
se releva au même moment. « Sus, sus,
« amis, criait-elle, notre Sire a condamné
« les Anglais, à cette heure ils sont à nous. »

L'assaut recommença avec une nouvelle
vaillance, et sans tarder la ville fut em-

portée. Les gens d'armes se mirent aussitôt à poursuivre les Anglais par les rues, et en en faisant un grand carnage jusque dans les maisons où ils se cachaient. Le comte de Suffolk venait de voir périr son frère Alexandre de la Poole, lui-même était prêt à tomber entre les gens des communes, qui n'épargnaient personne. Il s'adressa à un homme d'armes qui le poursuivait : « Es-tu « gentilhomme ? » lui demanda-t-il. « Oui, » répondit celui-ci, qui était un écuyer du pays d'Auvergne, nommé Guillaume Regnault. « Es-tu chevalier ? » continua le chef anglais. « Non, » répondit loyalement l'écuyer. « Tu le seras de mon fait, » dit le comte de Suffolk. Il lui donna l'accolade avec son épée, puis la lui remit et se rendit son prisonnier. Jean de la Poole, son autre frère, était aussi livré à rançon. Le duc d'Alençon et Jeanne réussirent à les sauver avec une quarantaine d'autres Anglais, en les envoyant à Orléans sur un bâteau. Le reste fut tué dans le désordre de l'assaut ; et même comme il advint quelques débats entre les gentilshommes sur le fait de leurs prisonniers, les gens de guerre de moindre état en profitèrent pour les mettre à mort. Le tumulte était si grand, que l'église fut pillée, malgré les ordres de la Pucelle.

De retour à Orléans, on y trouva encore de nouveaux capitaines, car les seigneurs arrivaient maintenant de toutes parts. Ceux qui n'avaient pas assez d'argent pour s'équiper y venaient comme coutilliers ou simples archers, montés sur de petits chevaux. Le comte de Vendôme, le sire de Loheac, son frère Guy de Laval, le seigneur de la Tour d'Auvergne, et beaucoup d'autres encore, vinrent se joindre au duc d'Alençon et à la Pucelle. Tout aussitôt les Français marchèrent vers Meung-sur-Loire ; ils gagnèrent le pont, et laissant le château occupé

par une petite garnison anglaise, que commandait lord Scales, ils allèrent devant
Beaugency, où commandait le fameux lord
Talbot. Il ne se trouva point assez fort ;
plaçant une garnison dans la citadelle, il
prit sa route vers Janville pour se joindre
à la compagnie de gens de guerre qu'amenait de Paris sir Jean Fastolf, et qui venait maintenant trop tard pour sauver Jargeau.

Pendant que le duc d'Alençon mettait le
siége devant la forteresse de Beaugency, on
sut que le connétable arrivait avec quatre
cents lances de Bretagne ou de Poitou, et
huit cents archers. Il s'était lassé de sa
longue retraite à Parthenay et avait résolu
de servir le roi malgré lui ; car le sire de la
Trémoille était plus que jamais en crédit
auprès du roi ; et, craignant toujours d'être
mis hors du gouvernement, il tenait éloigné
le connétable et tous ses amis. Le royaume

était de la sorte privé du service de beaucoup de puissants seigneurs, mais personne n'était assez hardi pour parler contre ce la Trémoille. Il était le maître de la volonté du roi et l'avait de plus en plus irrité contre le connétable. Sitôt donc qu'on connut son entreprise, on envoya le sire de la Jaille à Loudun, lui signifier de n'être pas assez hardi pour passer outre, sinon, le roi le ferait combattre. « Ce que j'en fais, repartit le « connétable, est pour le bien du roi et du « royaume, et si quelqu'un vient à com- « battre, nous verrons. »

Le sire de la Jaille répondit : « Monsei- « gneur, il me semble que vous ferez bien. » Le capitaine d'Amboise lui livra le passage de la Loire, malgré les ordres du roi. Il arriva aussi devant Beaugency, et envoya les sires de Rostrenen et de Carmoisen demander logement pour lui et ses gens.

Le duc d'Alençon se trouva fort en peine;

il avait commandement précis du roi de ne
pas recevoir le connétable. Il commença
par dire qu'il s'en irait plutôt que de le
laisser venir, et la Pucelle l'entendant parler
ainsi ne voyait d'abord aucune difficulté à
combattre le duc de Richemont. Cependant
le connétable avait des amis dans l'armée ;
d'ailleurs combattre entre Français, lorsqu'on attendait à chaque moment l'attaque
de Talbot et de Fastolf, n'était pas chose
raisonnable. Aussi, comme le duc d'Alençon et la Pucelle allaient monter à cheval,
La Hire et quelques autres se mirent à dire
que si la Pucelle marchait contre le connétable elle trouverait à qui parler, et qu'il
y aurait assez de gens qui aimeraient mieux
le connétable que toutes les Pucelles du
royaume.

La chose n'était pas encore décidée, lorsqu'on apprit qu'en effet Talbot approchait.
Pour lors, la Pucelle dit la première qu'il y

avait besoin de s'aider les uns les autres.
D'autre part, le connétable avait fait parler
à Jeanne. On lui avait expliqué que le roi
était trompé par de faux rapports ; que c'é-
tait à elle, par le pouvoir qu'elle avait, à
pardonner au connétable ses offenses, s'il
en avait commis, et à le recevoir dans l'assemblée des hommes d'armes dont elle était
chef ; plusieurs chevaliers lui garantirent,
par serment et sous leur sceau, la fidélité
du connétable. Elle se montra alors contente de sa venue, et le lendemain, avec le
duc d'Alençon, le bâtard d'Orléans, le sire
de Laval et les autres chefs, elle s'en vint à
cheval à la rencontre du connétable. Chacun mit pied à terre et la Pucelle s'inclina,
pour embrasser les genoux du prince.
« Jeanne, dit-il, on m'a dit que vous vou-
« liez me combattre, je ne sais si vous venez
« de Dieu ou non ; si vous êtes de Dieu, je
« ne vous crains en rien ; car Dieu sait mon

« bon vouloir ; si vous êtes du diable, je
« vous crains encore moins. »

En effet, il n'y avait pas de plus grand
ennemi de la sorcellerie, des sorciers et des
hérétiques que le connétable. Autant il en
pouvait découvrir en Bretagne et en Poitou,
autant il en faisait brûler sur l'heure même.

Ainsi donc étant bien venu de tous, le
connétable joignit ses gens à ceux du duc
d'Alençon. Selon l'usage il fut, comme nouveau venu, contraint à commander le guet
durant la première nuit ; et certes, ce fut
la première fois que le guet fut mené par le
connétable de France.

Le château de Beaugency ne pouvait plus
se défendre contre tant de gens ; la garnison que commandait le sire de Gueten,
bailli d'Évreux, obtint de sortir, chaque
homme gardant son cheval, son armure, et
la valeur d'un marc d'argent.

Lord Talbot et lord Scales, ne pouvant

secourir Beaugency, avaient marché sur Meung, pour reprendre le pont. Mais comme les Français avançaient, les Anglais remontèrent vers la Beauce.

Au premier bruit de l'arrivée des Anglais, renforcés de toute la compagnie que leur avait amenée sir Jean Fastolf, les chefs français s'étaient montrés un moment incertains de ce qu'ils avaient à faire, et s'ils devaient risquer de combattre en pleine campagne. On vit alors quel avantage c'était d'avoir reçu le comte de Richemont. « Ah ! beau connétable, lui dit Jeanne, vous « n'êtes pas venu de par moi, mais vous « êtes le très-bien venu. »

Le duc d'Alençon lui demanda ce qu'elle croyait qu'il fallût faire. Beaucoup de gens du roi avaient peur, ils se souvenaient d'Azincourt, de Crevant, de Verneuil, de la journée des Harengs. Ils savaient combien les Anglais étaient habiles à disposer les

batailles. « Il fera bon avoir des chevaux,
« disait-on. — Avez-vous des éperons? de-
« demanda la Pucelle. — Comment ! s'é-
« crièrent les capitaines, devons-nous donc
« fuir? — Non, répondit-elle, il faut che-
« vaucher hardiment ; nous aurons bon
« compte des Anglais, et les éperons seront
« d'usage pour les poursuivre. »

Ce fut alors que l'on se résolut à marcher après eux vers Janville, à travers la
Beauce. La Pucelle encourageait tout le
monde. « En mon Dieu, disait-elle, il les
« faut combattre. Quand ils seraient pendus
« aux nues, nous les aurons, car Dieu nous
« a envoyés pour les punir. Le gentil roi
« aura aujourd'hui la plus grande victoire
« qu'il ait jamais eue ; mon conseil m'a dit
« qu'ils étaient à nous. » En même temps
le connétable fit porter son étendard en
avant, et chacun suivit.

On forma une forte avant-garde des gens

d'armes les mieux montés, et pour les conduire on choisit, La Hire, Saintrailles, Ambroise de Loré, le sire de Beaumanoir, Jamet de Tillay, et d'autres braves chevaliers. Jeanne aurait bien voulu être de cette avant-garde ; on préféra qu'elle demeurât au corps de bataille avec le duc d'Alençon, le connétable, le bâtard, le maréchal de Boussac, l'amiral, les seigneurs d'Albret, de Laval, de Gaucourt.

La Hire et les chefs de l'avant-garde avaient commandement de serrer les Anglais de façon à ne leur point laisser le temps de se ranger en un lieu fort et de se retrancher. Ils s'en allaient chevauchant dans cette belle plaine de Beauce, où le pays n'offre nul lieu à s'appuyer, que de loin en loin quelques jeunes bois. Quand La Hire fut arrivé avec soixante ou quatre-vingts des siens, au lieu nommé les Coignées, près de la ville de Patay, un cerf

partit tout d'un coup devant lui, et peu
après on entendit les cris et le bruit qu'avait
élevés l'animal parmi l'armée anglaise, où
il s'alla jeter. Les capitaines français, ainsi
avertis que l'ennemi était là et que l'heure
était venue, rangèrent leurs gens en bon
ordre.

De leur côté, les Anglais étaient dans de
grandes incertitudes. Sir Jean Fastolf et
d'autres étaient d'avis de ne point combattre, mais de se retirer et de se mettre
dans les châteaux, villes et forteresses, en
abandonnant la campagne, afin d'attendre
les renforts qui viendraient bientôt d'Angleterre ; ils disaient que leurs gens étaient
encore tout effrayés et ébahis des pertes
qu'ils avaient faites devant Orléans et Jargeau ; qu'au contraire les Français étaient
animés et enorgueillis ; qu'il fallait donner
aux esprits le temps de se rassurer et ne rien
précipiter.

Lord Talbot fut d'autre opinion, et voulut combattre, puisque les Français présentaient la bataille. Puis il y eut encore consultation sur l'ordonnance du combat. Les uns voulaient qu'on mît pied à terre à la place même où l'on était, et se trouvaient ainsi bien retranchés sur leur flanc par une forte haie, qui arrêterait les chevaux des Français ; d'autres voulaient prendre une meilleure position et s'appuyer d'une part sur une forte abbaye du village de Patay, de l'autre sur un petit bois. Pendant le mouvement d'un quart de lieue qu'il fallut faire pour aller s'y placer, l'avant-garde française avait galopé grand train, en suivant la marche des ennemis. Avant que les Anglais fussent rangés, avant que tous leurs hommes d'armes eussent mis pied à terre, avant que les archers eussent planté devant eux leurs pieux aiguisés, les Français, encouragés par la mauvaise défense qu'ils

voyaient depuis quelque temps faire à leurs
anciens adversaires, se jetèrent de plein
choc tout au travers. Le combat ne fut pas
long. Sir Jean Fastolf, le bâtard de Thian,
et ceux qui n'étaient pas descendus de cheval prirent presque aussitôt la fuite. Lord
Talbot et les autres capitaines ne purent
rallier leurs gens. Le corps de bataille des
Français arriva et acheva la défaite. Il y eut
un grand massacre des archers et de ces
pauvres gens des communes d'Angleterre,
que depuis tant d'années on amenait mourir en France, et qui, vainqueurs ou vaincus,
ne revoyaient guère leur pays. Lord Talbot,
lord Scales, lord Hungerford et la plupart
des capitaines anglais, se rendirent prisonniers. « Eh bien ! seigneur Talbot, lui dit
« le duc d'Alençon, vous ne vous attendiez
« pas à cela ce matin ? — C'est la fortune
« de la guerre, » répondit l'Anglais sans s'é-
mouvoir. On lui montra ainsi qu'au comte

de Suffolk, déjà prisonnier depuis Jargeau, la prophétie de Merlin, qui avait annoncé que la France serait sauvée par une vierge.

La poursuite des fuyards dura longtemps, et ceux qui n'avaient pas de quoi se racheter étaient, comme à la coutume, traités bien cruellement. Jeanne n'endurait point avec patience cette méchanceté des gens de guerre. Comme, devant elle, un prisonnier fut frappé à la tête et abattu tout sanglant, elle descendit de cheval, le soutint dans ses bras, fit appeler un confesseur; en attendant elle le soignait et s'efforçait de lui donner bonnes pensées et bon courage.

Cependant le duc de Bedfort était à Corbeil, attendant des nouvelles des Anglais, lorsqu'il y vit arriver sir Jean Fastolf en fugitif. Sa colère fut si grande, que, sans se souvenir de la bataille des Harengs, il lui ôta le ruban de la Jarretière. Il revint à Paris; la ville était toute troublée du bruit de la victoire des Français. On disait que les Armagnacs allaient arriver. Le conseil fut assemblé et les serviteurs du roi anglais pleuraient en écoutant le récit des misères et de la destruction de leurs gens. On travailla nuit et jour à fortifier la ville; on augmenta le guet; pour plus de sûreté, on changea le prévôt des marchands et les échevins, et ils furent remplacés par des bourgeois encore plus ennemis des Français.

Ce qui était le plus nécessaire, c'était d'avoir des secours d'Angleterre. Le duc de Bedfort en demandait depuis longtemps, mais les discordes du duc de Glocester et du cardinal de Winchester troublaient toutes les affaires. Il écrivit de nouveau :
« Toutes choses prospéraient ici pour vous,
« jusqu'au temps du siége d'Orléans, en-
« trepris, Dieu sait, par quels conseils. Après
« la mort de mon cousin Salisbury, que
« Dieu absolve, qui est tombé, ce semble,

« par la main de Dieu, vos troupes qui
« étaient en grand nombre à ce siége,
« ont reçu un terrible échec. Cela est arrivé
« en partie, comme nous nous le persua-
« dons, par la confiance que les ennemis
« ont eue en une femme née du limon de
« l'enfer, et disciple de Satan, qu'ils ap-
« pellent la Pucelle, laquelle s'est servie
« d'enchantements et de sortiléges. Cette dé-
« faite a non-seulement diminué le nombre
« de vos troupes, mais en même temps a
« fait perdre courage à celles qui restent,
« d'une manière étonnante. De plus, elle a
« encouragé vos ennemis à s'assembler in-
« continent en grand nombre. »

La ressource des chefs d'Angleterre
contre l'épouvante inspirée par la Pucelle,
était en effet de la traiter de sorcière et de
magicienne. Cependant la renommée ne
publiait rien que d'édifiant de cette sainte
fille. Tous ceux qui l'approchaient ne

voyaient en elle que piété, douceur et courage. Fût-elle venue de l'enfer, il n'y avait pas là de quoi diminuer la frayeur des archers d'Angleterre; aussi leurs capitaines ne savaient quels discours leur tenir.

Le duc de Bedfort avait maintenant grand repentir de s'être montré si hautain envers son beau-frère de Bourgogne; rien n'était plus pressant que de l'apaiser. On résolut, d'accord avec les Parisiens, de lui envoyer une solennelle ambassade, afin de lui exposer l'étrange état des affaires, et de le conjurer de venir au plus tôt à Paris, pour aviser ce qu'il était à propos de faire. L'évêque de Noyon, deux docteurs de l'université et plusieurs notables bourgeois se rendirent à Hesdin, où était pour lors le duc, qui relevait de maladie. Il les reçut bien et leur promit de venir bientôt à Paris. Il y arriva le 10 juillet, avec six ou sept cents combattants assemblés à la hâte dans son comté d'Artois. Sa venue rendit courage aux partisans des Anglais et des Bourguignons. De grands conseils furent tenus ; les promesses et les alliances furent renouvelées et confirmées entre les deux beaux-frères. Pour ranimer encore mieux les esprits des Parisiens et réveiller leur vieille haine contre les Armagnacs, les deux ducs ordonnèrent une grande cérémonie. Un sermon fut d'abord prêché à Notre-Dame, devant eux ; puis ils se rendirent en procession solennelle au palais. Là, en présence du parlement, des maîtres des requêtes, de l'évêque, du chapitre, du prévôt des marchands, des principaux bourgeois, on donna lecture de l'ancien traité conclu au Ponceau, entre le feu duc Jean et le Dauphin, puis il fut fait un récit de l'assassinat de Montereau, où rien ne fut épargné pour rendre odieux le roi et ses partisans. Après cette lecture, il s'éleva dans toute l'assistance un grand murmure et des cris contre les Armagnacs. Le duc de Bourgogne, ayant demandé à parler, reproduisit sa plainte contre Charles de Valois, et déclara qu'il voulait venger le meurtre de son père. Alors les gens du Parlement et les plus notables bourgeois renouvelèrent par acclamations leur serment au traité de Troyes. Durant un mois, on ne fit que demander et recevoir de tous la confirmation de ce serment.

Le lendemain de cette cérémonie le duc de Bourgogne repartit pour la Flandre, emmenant avec lui sa sœur, la duchesse de Bedfort, qui passait pour avoir quelque crédit sur son esprit. Il laissa à Paris le sire de l'Isle-Adam, avec environ sept cents combattants. Il envoya aussi, peu après, une garnison à Meaux, sous le commandement du bâtard de Saint-Pol. C'eût été bien peu pour rassurer et défendre les Parisiens ; mais dans le même moment le régent rece-

vait d'Angleterre un renfort de deux cent cinquante lances et de deux mille archers. Cette assemblée de gens de guerre avait été faite par le cardinal de Winchester, sur la demande du pape, afin d'aller contre les hérétiques de la Bohême, qu'avaient pervertis les erreurs de Jean Huss. Les affaires des Anglais, en France, étaient devenues si difficiles, qu'il fallut bien que le conseil de Londres permît au duc de Bedfort de retenir, pour servir contre les Français, tous ces gens de la croisade. Avec ce secours et les garnisons de Normandie, le régent espérait aviser au danger pressant où il se trouvait, et qui s'accroissait chaque jour ; car après la bataille de Patai, et durant tous ces préparatifs des Anglais, le roi Charles s'était emparé de la Champagne. Il ne s'agissait plus maintenant de traiter le duc Philippe avec un superbe dédain. « Mon-
« seigneur de Bourgogne, écrivait le duc de

« **Bedfort** en Angleterre, a fait grandement
« et honorablement son devoir d'aider et
« de servir le roi, et s'est montré en ce be-
« soin, de plusieurs manières, vrai parent,
« ami et loyal vassal du roi dont il doit être
« bien honorablement recommandé ; n'eût
« été sa faveur, Paris et tout le reste étaient
« perdus de ce coup. On vous dira com-
« ment le Dauphin s'est mis en campagne
« de sa personne, a très-grosse puissance,
« et pour la crainte qu'on en a déjà, plu-
« sieurs bonnes villes, cités et châteaux,
« sans attendre siége, se sont mis en obéis-
« sance. Aujourd'hui, 16 de juillet, il doit
« arriver à Reims ; demain on lui ou-
« vrira les portes, lundi il se fera sacrer ;
« incontinent après son sacre, il a l'inten-
« tion de venir devant Paris, et espère y
« entrer. »

Aussitôt après la journée de Patai, Jeanne
était retournée auprès du roi, et l'avait de

nouveau pressé d'entreprendre le voyage de
Reims. Les affaires étaient en si bon train,
qu'on se résolut à écouter son conseil, bien
qu'il ne parût pas très-conforme à la prudence. D'autres proposaient d'aller auparavant réduire Cosne et la Charité pour être
entièrement maîtres de la Loire. Mais ces
villes étaient comprises dans les trêves con-
clues par le duc de Savoie entre la France et
la Bourgogne. D'ailleurs on prit bonne espérance aux promesses de la Pucelle, qui
semblaient venir de Dieu. Elle ne réussit
pas aussi bien à persuader le roi de se ré-
concilier avec le connétable. Il ne voulut
jamais que le prince fût du voyage de Reims.
En vain le connétable fit-il supplier le sire
de la Trémoille de le laisser servir le roi,
et qu'il ferait tout ce qui lui plairait, fût-ce
même de lui embrasser les genoux ; le sire
de la Trémoille fut inébranlable dans son obstination, et maintint le roi en si grande co-

lère, qu'il fît dire au connétable de s'en aller, et qu'il aimerait mieux ne jamais être
couronné que de le voir au sacre. Le comte
de la Marche eut aussi ordre de ne pas
venir. C'était perdre de puissants secours
pour une entreprise périlleuse.

Ce n'est pas qu'il ne continuât à arriver
de tous côtés des gentilshommes; mais ceux-
là même étaient assez mal reçus du sire de
la Trémoille. Il lui semblait toujours qu'il
y en eût trop; soit qu'il n'eût point d'argent
pour leur solde, car il ne put faire donner
que trois francs par hommes d'armes; soit
qu'il craignît que quelque cabale se formât
contre lui. Il était si méfiant, que le roi se
trouvant pour lors à Sully, près d'Orléans,
ne vint pas, bien que la Pucelle le lui de-
mandât, visiter sa bonne ville, qui s'était si
bravement défendue. Les habitants l'attendaient cependant avec grand amour, et lui
avaient préparé une noble réception.

On partit de Gien le 28 de juin. Hormis le connétable et le comte de la Marche qui était aussi dans la disgrâce du roi, tous les chefs de guerre se trouvaient dans cette entreprise. Le maréchal de Boussac avec le sire de Raiz, la Hire et Saintrailles, étaient à l'avant-garde. On comptait environ douze mille combattants, tous vaillants, remplis de bonne espérance et de courage, s'inquiétant peu de traverser un pays dont les villes, les forteresses, les châteaux étaient garnis d'Anglais et de Bourguignons.

On arriva devant Auxerre; le duc de Bourgogne tenait alors cette ville en gage pour les sommes qui lui étaient dues. Le conseil de Bourgogne avait assemblé des forces à Autun, afin de défendre le duché, s'il était attaqué, et envoya un serviteur du sire Jean de la Trémoille, à son frère George de la Trémoille, celui qui gouvernait le roi, pour savoir si les Français entendaient observer les trèves; la ville députa aussi vers le roi, offrit de fournir, moyennant payement, des vivres à l'armée qui en avait un pressant besoin, et de rendre obéissance au roi, si ceux de Troyes, de Châlons et de Reims se soumettaient. Le traité fut accepté, au grand dépit de la Pucelle et des gens de guerre. On assura que le sire de la Trémoille avait reçu deux mille écus pour traiter si favorablement une ville où, disait-on, il eût fallu entrer d'assaut.

De là on marcha sur Troyes ; la ville fut sommée de se rendre et s'y refusa. La garnison était de cinq ou six cents Bourguignons ; ils firent d'abord une sortie sur l'avant-garde. Après avoir passé cinq ou six jours campé devant la ville, le roi se trouva dans une situation difficile. Tout son monde manquait de vivres. Il y avait déjà huit jours que les sept ou huit mille hommes qu'il avait avec lui n'avaient pas mangé de pain, et se soutenaient seulement en égrenant des épis ou cueillant des fèves vertes. On n'avait amené ni bombarde ni artillerie. Gien était le lieu le plus proche dont on pût tirer des munitions, et il y avait au moins trente lieues de distance. Personne dans le camp n'avait d'argent; on manquait de tout. Sans cesse on parlementait avec les gens de la garnison et de la ville, mais ils ne semblaient pas avoir envie de se soumettre, et l'on n'avait pas de quoi leur faire peur. Ce furent toutes ces raisons que l'archevêque de Reims, chancelier de France, représenta au conseil du roi, et il proposa de revenir sur la Loire. Il n'avait jamais eu grand'foi en la Pucelle; ce jour-là, voyant l'embarras où se trouvait le roi, presque tout son conseil fut de l'avis du chancelier. Cependant Robert-le-Masson, sire de Trèves, quand vint son tour de parler, représenta qu'il fallait envoyer quérir la Pucelle. « Lorsque le roi a entre-

« pris ce voyage, dit-il, ce n'est pas à cause
« de la grande puissance des gens d'armes
« qu'il pouvait avoir ; ce n'est pas à cause
« de l'argent qu'il avait pour les payer ; ce
« n'est point parce que cette entreprise
« semblait possible, mais par les avis de
« Jeanne la Pucelle, qui disait que c'était
« la volonté de Dieu, et qu'on trouverait
« peu de résistance. Donc il faut entendre
« comment elle s'expliquera ; si elle n'a rien
« de plus à dire que ce qui a été dit au con-
« seil, alors on suivra l'opinion commune,
« et le roi s'en reviendra. » Jeanne fut
mandée : le chancelier lui expliqua dans
quelle perplexité on se trouvait, les doutes
qui avaient été débattus dans le conseil, et
lui demanda ce qu'elle croyait qu'il fallait
faire.

« Serai-je crue de ce que je dirai ? » de-
manda-t-elle au roi. — « Si vous dites
« des choses raisonnables et profitables, je

« vous croirai, répondit le roi. — Serai-je
« crue? répéta-t-elle. — Oui, dit encore le
« roi, selon ce que vous direz. — Eh bien!
« noble Dauphin, dites à vos gens de venir
« et d'assaillir la ville, car, par mon Dieu,
« vous entrerez en la ville de Troyes, par
« amour ou par puissance, d'ici à deux
« jours, et les traîtres de Bourguignons en
« seront tous consternés. — Jeanne, reprit
« le chancelier, qui serait certain de l'avoir
« dans six jours, il attendrait bien; mais je
« ne sais si ce que vous dites est véritable.
« — Oui, dit-elle, vous en serez maître de-
« main. »

Sur sa foi on résolut de tenter l'assaut;
elle prit son étendard, et pressant tout le
monde, elle fit jeter dans le fossé les planches, les portes, les chevrons, le bois de
toute sorte, dont les gens d'armes avaient
fait les logis du camp; on apporta des fagots et des fascines pour se retrancher le

plus près possible de la muraille, et pour masquer les petits canons qu'on menait en campagne. Le lendemain matin tout était prêt pour commencer l'attaque.

Cependant la garnison n'était pas nombreuse; les bourgeois avaient peu d'envie de se défendre contre leur seigneur et leur roi; ils avaient passé la nuit à prier dans les églises. Frère Richard, ce fameux prédicateur, était venu chez eux quand on l'avait chassé de Paris, et il n'était pas pour les Anglais. D'ailleurs le nom de la Pucelle, les merveilles qu'on en racontait, effrayaient les habitants et même la garnison. Ils doutaient beaucoup qu'elle vînt de Dieu, mais ne l'en craignaient que davantage. De dessus les murailles, ils la voyaient agiter son étendard, et les plus simples d'entre eux assuraient qu'une multitude de papillons blancs voltigeaient tout à l'entour. D'ailleurs il y avait à Troyes, comme dans toutes les villes, un fort parti opposé aux Anglais et aux Bourguignons ; un parti de bons Français, qui ne désiraient rien tant que de rentrer sous l'autorité du roi, Les chefs de ce parti étaient Jean Leguisé, évêque de Troyes, son frère Gilles, qui remplissait l'office de garde et chancelier des foires de Champagne et de Brie, et Guillaume Molé leur beau-frère, un des principaux habitants de la ville. Ces dispositions du peuple leur donnaient courage à traiter avec les assiégeants et à persuader aux assiégés de se soumettre.

Lorsqu'on vit que le roi allait faire livrer l'assaut, les pourparlers recommencèrent ; l'évêque, les chefs de la garnison, les principaux bourgeois vinrent au camp pour traiter. Il fut convenu que la garnison sortirait librement avec ses armes, ses chevaux et tout son avoir ; les bourgeois obtinrent du roi une abolition complète pour leur rébellion, et il fut défendu aux gens de guerre, sous peine de la hart, de leur faire le moindre tort.

Comme la garnison avait droit d'emporter ses biens, les gens d'armes voulurent emmener leurs prisonniers, dont la rançon leur était bien loyalement acquise. Mais ces pauvres gens, lorsqu'on les conduisait hors de la ville, supplièrent la Pucelle de les délivrer. « Par mon Dieu, dit-elle, ils ne les « emmèneront pas ! » La querelle commençait à s'émouvoir ; le roi en fut informé et paya aussitôt la rançon.

Jeanne allait ensuite entrer dans la ville, lorsque frère Richard se présenta devant elle, faisant des signes de croix et des aspersions d'eau bénite. Il venait de la part des habitants s'assurer si elle ne procédait pas du démon. — « Allons, approchez, dit-elle, je ne m'envolerai pas. » Puis elle retourna près du roi, et lorsqu'il fit son entrée, elle était près de lui, portant son étendard.

Châlons ne fit aucune résistance au roi ; l'évêque et les principaux bourgeois vinrent au-devant de lui présenter leur soumission. La Pucelle promit au roi qu'il en irait de même pour Reims. En effet, le seigneur de Chatillon et le sire de Saveuse, n'ayant qu'une petite garnison, assemblèrent les habitants et voulurent leur persuader de se défendre ; mais les bourgeois ne les écoutèrent point, et répondirent même avec assez de dureté et d'insolence. Ils avaient grande terreur de la Pucelle, car chaque jour ce qu'on en publiait était plus miraculeux ; d'ailleurs le seigneur Regnault de Trie, archevêque de Reims et chancelier de France, avait des intelligences dans sa ville. Les capitaines bourguignons furent donc contraints à se retirer.

Le roi fit son entrée solennelle. Deux

jours après, le 17 juillet 1429, il fut sacré dans la cathédrale de Reims, après avoir été fait chevalier par le duc d'Alençon. Le duc de Bourgogne était alors le seul pair du royaume, au triple titre de Flandre, d'Artois et de Bourgogne. Sa place et celle des autres pairies vacantes fut tenue par les principaux seigneurs de la suite du roi; mais aucun d'eux n'était regardé autant que Jeanne la Pucelle : c'était à elle qu'on devait attribuer ce voyage et ce couronnement. Pendant la cérémonie, elle se tint près de l'autel, portant son étendard ; et lorsque après le sacre elle se jeta à genoux devant le roi, qu'elle lui baisa les pieds en pleurant, personne ne pouvait retenir ses larmes en écoutant les paroles qu'elle disait : « Gentil roi, or est exécuté « le plaisir de Dieu, qui voulait que vous « vinssiez à Reims recevoir votre digne « sacre, pour montrer que vous êtes vrai

« roi, et celui auquel doit appartenir le
« royaume. »

Le jour même du couronnement elle
avait fait écrire au duc de Bourgogne. Les
conseillers du roi, sachant les discordes de
ce prince avec les Anglais, avaient espoir
de le détacher des anciens ennemis du
royaume, et cherchaient depuis quelque
temps à traiter avec lui. Déjà la Pucelle,
trois semaines auparavant, lui avait envoyé
par un héraut une première lettre pour
l'engager à se trouver au sacre. Depuis, le
maréchal de Bourgogne lui avait fait savoir
les paroles pacifiques du sire de la Trémoille
pendant les pourparlers tenus au sujet de la
ville d'Auxerre. Cette fois, pour faire plus
encore, on résolut que le chancelier, les
sires de Gaucourt et de Dampierre, et le
doyen du chapitre de Paris se rendraient
bientôt après en ambassade à Arras auprès
du duc Philippe. Il dut recevoir un peu au-

paravant la lettre de la Pucelle, conçue en ces termes :

JHÉSUS MARIA.

« Haut et redouté prince, duc de Bour-
« gogne, Jehanne la Pucelle vous requiert,
« de par le roi du ciel, mon droiturier sou-
« verain seigneur, que le roi de France et
« vous fassiez bonne paix, ferme, qui dure
« longuement. Pardonnez l'un à l'autre de
« bon cœur, entièrement, ainsi que doivent
« faire loyaux chrétiens ; et s'il vous plaît
« guerroyer, allez sur le Sarrazin. Prince de
« Bourgogne, je vous prie, supplie et re-
« quiers, tant humblement que je vous puis
« requérir, que ne guerroyiez plus au saint
« royaume de France, et faites retraire in-
« continent et brièvement vos gens, qui
« sont en aucunes places et forteresses du

« dit royaume. De la part du gentil roi de
« France, il est près de faire paix avec vous,
« sauf son honneur; et il ne tient qu'à vous,
« et je vous fais savoir, de par le roi du ciel,
« mon droiturier et souverain seigneur,
« pour votre bien et pour votre honneur,
« que vous ne gagnerez point de bataille
« contre les loyaux Français, et que tous
« ceux qui guerroyent au dit saint royaume
« de France guerroyent contre le roi Jhésus,
« roi du ciel et de tout le monde, mon droi-
« turier et souverain seigneur. Et vous prie
« et vous requiers à jointes mains que ne fas-
« siez nulle bataille, ni ne guerroyiez contre
« nous, vous, vos gens et vos sujets. Croyez
« sûrement, quelque nombre de gens que
« vous ameniez contre nous, qu'ils ne ga-
« gneront mie; et sera grande pitié de la
« grande bataille et du sang qui sera ré-
« pandu de ceux qui y viendront contre
« nous. Il y a trois semaines que je vous ai

« écrit et envoyé de bonnes lettres par un
« héraut pour que vous fussiez au sacre du
« roi qui, aujourd'hui dimanche, dix-sep-
« tième jour de ce présent mois de juillet,
« se fait en la cité de Reims. Je n'en ai
« pas eu de réponse, ni onc depuis n'ai ouï
« nouvelle du héraut. A Dieu vous recom-
« mande et soit garde de vous, s'il lui plaît,
« et prie Dieu qu'il y mette bonne paix. »

« Écrit au dit Reims, le 17 juillet. »

En attendant ce qui arriverait de ces propositions de paix, le roi se trouvait assez de
puissance pour entrer dans l'Ile-de-France,
et se rapprocher de Paris, où Jeanne avait
plus d'une fois témoigné l'espoir d'entrer.
Le régent anglais était sorti de Paris pour
hâter l'arrivée des gens d'armes de la croisade que conduisait le cardinal de Winchester. Quant au duc de Bourgogne, il
n'avait point assemblé ses hommes, ni en
Picardie ni dans son duché. René d'Anjou,

héritier des duchés de Lorraine et de Bar, le damoisel de Commercy, qui précédemment avaient traité avec l'Angleterre ou les Bourguignons, étaient venus à Reims offrir leurs services au roi. Tout semblait lui prospérer.

Il commença, selon l'usage des rois après leur sacre, par se rendre en pèlerinage au tombeau de saint Marcou à Corbeny, pour y recevoir par les mérites de ce saint, qui fut, disait-on, de la race royale, le pouvoir de guérir les écrouelles en les touchant. De là il vint à la petite ville de Vailly, du diocèse de Reims, qui se rendit tout aussitôt. Bientôt arrivèrent les députés de Laon et de Soissons, apportant la soumission de ces deux bonnes et fortes villes. Le roi passa trois jours à Soissons, où les habitants lui montrèrent beaucoup d'amour et de joie. Pendant ce temps, Crécy, Coulommiers, Provins et plusieurs autres forteresses de la

Brie reconnaissaient aussi son obéissance.

Il semblait que Château-Thierry dût mieux se défendre; Jean de Croy, le sire de Brimeu, le sire de Chatillon et d'autres grands seigneurs bourguignons y étaient enfermés, et leur garnison était augmentée des gens qui avaient abandonné les autres forteresses. Mais les bourgeois se montraient tout français et voulaient reconnaître le roi. La Pucelle parut à la vue des murailles; le bruit se répandit encore qu'on voyait des papillons blancs voltiger autour de son étendard; la peur gagna dans la ville. Les assiégeants crurent un instant que les Anglais arrivaient du côté de Paris, Jeanne maintint leur courage; un moment après, la garnison rendit la ville et sortit sauve de corps et de biens.

S'approchant toujours de Paris, le roi arriva à Provins. Déjà les Parisiens du parti anglais et bourguignon commençaient à s'effrayer. Ils voyaient se réfugier dans la ville les habitants des campagnes qui, dans la crainte de voir arriver les Armagnacs, s'enfuyaient emmenant leurs récoltes et leur bétail. Il n'y avait en ce moment aucun grand seigneur à Paris que le sire de l'Isle-Adam avec quelques Bourguignons. Cependant, le 24 juillet, les Parisiens furent rassurés par le retour du duc de Bedfort, qui fit son entrée avec le cardinal de Winchester et les gens qu'il amenait d'Angleterre. En peu de jours, avec les hommes qu'il avait tirés des garnisons de Normandie, les Bourguignons et la milice de la commune de Paris, il se trouva à la tête de dix mille combattants. Le 4 août, il sortit de la ville et s'en alla par Corbeil et Melun jusqu'à Montereau ; de là il écrivit au roi une lettre où il le défiait à peu près en ces termes :

« Nous Jean de Lancastre, régent et gou-
« verneur de France, savoir faisons à vous,

« Charles de Valois, qui aviez coutume de
« vous nommer Dauphin du Viennois, et
« maintenant, sans causes, vous dites roi :
« vous avez de nouveau formé entreprise
« contre la couronne et seigneurie de très-
« haut et très-excellent prince Henri, par la
« grâce de Dieu, vrai, naturel, droiturier roi
« de France et d'Angleterre ; vous donnez à
« entendre au simple peuple que vous venez
« pour lui rendre paix et sûreté, ce qui n'est
« pas et ne peut être d'après les moyens dont
« vous usez pour séduire ce peuple ignorant ;
« car vous vous aidez de gens superstitieux et
« réprouvés, comme d'une femme désordon-
« née et diffamée, portant habits d'homme et
« de conduite dissolue ; et aussi d'un frère
« mendiant, apostat et séditieux, tous les
« deux, comme nous en sommes informés,
« abominables à Dieu. Par force et par puis-
« sance d'armes, vous avez occupé au pays
« de Champagne aucunes cités, villes et châ-

« teaux appartenant à Monseigneur le Roi, et

« vous avez contraint les sujets à se parjurer

« de la paix jurée par les grands seigneurs,

« les pairs, les prélats, les barons et les trois

« états du royaume. Nous, pour garder et dé-

« fendre le vrai droit de Monseigneur le Roi,

« et non rebouter hors de sa seigneurie, nous

« sommes mis sus et tenons les champs en

« notre personne, et nous avons poursuivi et

« poursuivons de lieu en lieu sans avoir pu

« encore vous rencontrer. Nous qui désirons

« de tout notre cœur l'abrégement de la

« guerre, nous vous sommons et requérons,

« si vous êtes un prince qui cherchez l'hon-

« neur, d'avoir compassion du pauvre peuple

« chrétien, lequel tant longuement a été,

« pour votre cause, foulé, opprimé, et in-

« humainement traité; et sans plus conti-

« nuer la guerre, de prendre au pays de

« Brie, où nous sommes si proches l'un de

« l'autre, une place raisonnable et convena-

« ble, et un jour aussi prochain que peut le
« permettre notre proximité. Si vous voulez
« comparaître au jour et à la place marquée,
« même avec cette indigne femme, cet apos-
« tat, tous les parjures que vous voudrez
« et toute la puissance que vous pourrez
« avoir, nous y comparaîtrons aussi par le
« bon plaisir de notre roi, et pour représen-
« ter sa personne. Alors, si vous voulez
« offrir ou mettre en avant aucune chose
« touchant le bien de la paix, nous ferons
« ce qu'un bon prince catholique peut et
« doit faire; car nous sommes toujours en-
« clins à une bonne paix non dissimulée,
« qui ne soit ni parjurée ni violée, comme
« à Montereau, où par votre coulpe et votre
« consentement s'ensuivit le terrible, dé-
« testable et cruel meurtre, commis contre
« l'honneur et la loi de chevalerie sur la
« personne de mon très-cher et très-aimé
« père le duc de Bourgogne, à qui Dieu

« pardonne; par où les nobles et autres su-
« jets de ce royaume et d'ailleurs sont de-
« meurés quittes et exempts de vous, de
« votre seigneurie, et de tous serments de
« loyauté, subjection et féauté, comme
« vous l'aviez déclaré d'avance par vos let-
« tres patentes signées de votre main et de
« votre scel. »

« Toutefois, si par l'iniquité et la malice
« des hommes on peut obtenir le bien de la
« paix, chacun de nous gardera et défen-
« dra par l'épée sa cause et sa querelle; et
« Dieu qui est le seul juge auquel mon
« seigneur doit répondre, et non à aucun
« autre, lui en donnera la grâce. Nous le
« supplions humblement, lui qui sait et
« connaît le vrai droit et la légitime que-
« relle de monseigneur, de disposer à son
« plaisir, pour que le peuple de ce royaume
« puisse demeurer sans tort de foulement
« et d'oppression, en longue paix et repos,

« comme tous les rois et princes chrétiens
« qui ont gouvernement doivent le requérir
« et le demander. Ainsi, faites-nous savoir
« hâtivement, sans plus différer, ni perdre
« de temps en écritures ni en arguments,
« ce que vous en voudrez faire ; car si, par
« votre défaut adviennent de plus grands
« maux, continuation de la guerre, pillerie,
« rançonnements, occisions, dépopulation
« du pays, nous prenons Dieu à témoin et
« nous protestons devant lui et devant les
« hommes que nous n'en serons point
« cause, que nous avons fait notre devoir,
« et que nous avons proposé des termes de
« raison et d'honneur, soit préalablement
« au moyen de la paix, soit par journée de
« bataille, comme il doit être par droit de
« prince, lorsqu'entre si grandes et puissan-
« tes parties on ne peut faire autrement. »

Lorsque Bedfort, héraut du régent anglais, eut porté cette lettre au roi de France,

ce prince et les chefs de guerre qui l'entouraient montrèrent joyeuse contenance. « Ton maître, dit le roi, aura peu de peine « à me trouver, c'est bien plutôt moi « qui le cherche. » Les Français s'avancèrent encore un peu vers Paris et placèrent leur camp près du château de Nangis. Tout fut disposé pour la bataille avec prudence et habileté. C'était plaisir de voir le maintien guerrier de Jeanne et sa diligence à ordonner les apprêts du combat; on disait qu'elle s'y entendait aussi bien qu'aucun homme d'armes, tant expert qu'il pût être.

Le duc de Bedfort avait bien l'intention de recevoir la bataille, mais point de l'aller chercher; quand il vit que le roi tenait la campagne, mais ne venait point l'attaquer, il se hâta de revenir à Paris, dont les Français étaient en ce moment plus près que lui. L'alarme y était déjà grande : on avait fermé la porte Saint-Martin, et la foire Saint-

Laurent, où du reste il ne vint pas nombreuse foule, se tint pour cette fois dans la grande cour de l'abbaye Saint-Martin.

L'entreprise du roi sur Paris se trouvait ainsi manquée. Plusieurs de ses conseillers proposèrent alors de revenir sur la Loire. Les chefs de guerre étaient d'avis contraire; ils disaient que les ennemis n'ayant osé combattre, il fallait pousser en avant et toujours conquérir. Le roi ne fut pas de leur opinion, et l'on marcha vers Brai pour y passer la Seine sur le pont; mais les Bourguignons s'étaient pendant la nuit emparés de la ville; ils défendaient le passage, et il fallait le gagner par la force. Ceci fit changer la résolution prise, et, à la grande joie de la Pucelle, du duc d'Alençon, du duc de Bar, et de la plupart des capitaines, on revint à Château-Thierry, puis on s'avança jusqu'auprès de Dammartin, à dix lieues de Paris. Partout les habitants des villages et le pauvre peuple,

espérant la fin de leurs misères, criaient :
« Noël ! » en voyant le roi, et couraient
dans les églises chanter : *Te Deum, lauda-*
mus. La Pucelle, touchée à cette vue, dit
alors au bâtard d'Orléans : « En mon Dieu,
« voici un bon peuple et bien dévot. Quand
« je devrai mourir, je voudrais que ce fût
« en ce pays. — Jeanne, dit le bâtard,
« savez-vous quand vous mourrez, et en
« quel lieu ? — Je ne sais, répliqua-t-elle,
« c'est à la volonté de Dieu ; j'ai accompli ce
« que Messire m'a commandé, qui était
« de lever le siége d'Orléans, et de faire
« sacrer le gentil roi. Je voudrais bien
« qu'il voulût me faire ramener auprès de
« mes père et mère, qui auraient tant de
« joie à me revoir. Je garderais leurs brebis
« et bétail, et ferais ce que j'avais coutume
« de faire. » Parlant ainsi, ses yeux étaient
tournés vers le ciel, et jamais les seigneurs,
qui étaient là présents, n'avaient si bien

vu qu'elle venait de la part de Dieu, et non
du démon, ainsi que les Anglais s'obsti-
naient à le publier.

Sa grande renommée l'avait laissée aussi
simple et aussi modeste. On voyait en elle
la même piété ; elle était partout assidue
aux églises, et priait tant qu'elle en avait le
loisir. Sa chasteté et sa pudeur étaient si
grandes, que sa présence chassait jusqu'aux
mauvaises pensées des hommes d'armes et
des grands seigneurs, qui parfois avaient
fantaisie de lui faire des propositions déshonnêtes. Chaque soir elle allait prendre son
logis dans la maison de la plus honnête
femme du lieu, et souvent même couchait
dans son lit ; autrement elle passait la nuit
sans se désarmer et jamais ne voulait quitter
ses habillements d'homme, afin, disait-elle,
de mieux garder sa chasteté. Elle était douce,
surtout pour les pauvres gens et les secou-
rait quand elle pouvait. Pour ne les point

rudoyer, et de crainte de leur faire de la
peine, elle ne les renvoyait point lorsqu'ils
venaient baiser ses mains et ses vêtements ;
cette sorte d'adoration lui paraissait néanmoins messéante ; car, sauf qu'elle se disait
envoyée de Dieu , elle ne cherchait point à
faire croire qu'elle eût un pouvoir miraculeux. Jamais on ne lui avait entendu dire,
ou qu'elle ne serait point blessée, ou qu'elle
pouvait empêcher quelqu'un de l'être. Beaucoup d'hommes d'armes, qui n'étaient pas,
il est vrai , de grands seigneurs, avaient
quitté leur propre bannière pour porter un
étendard semblable au sien ; elle ne le donnait pourtant ni pour béni ni pour merveilleux, pas plus que son épée. Elle tâchait de
prêter courage à tous par son exemple et
par sa confiance aux promesses de Dieu
qu'elle publiait : C'était tout son savoir-
faire. « Mon fait, disait-elle, n'est qu'un mi-
« nistère. » Et quand on répondait que ja-

mais on n'avait rien vu de pareil, même dans les livres : « Mon Seigneur, répliquait-elle, « a un livre où aucun clerc ne peut lire, « tant parfait qu'il soit en cléricature. »

Le roi reçut à ce moment même la soumission de Compiègne et de Beauvais, d'où les habitants avaient chassé leur évêque, Pierre Cauchon; bien qu'il fût natif de France, il était toujours un des plus furieux pour le parti anglais.

On résolut enfin de tenter une démonstration sur Paris; il y avait quelque espoir de réussir à s'y introduire, la ville était défendue par peu de gens de guerre, et l'on pouvait croire que les partisans du roi, le sachant si proche avec toute sa puissance, se déclareraient fortement. Néanmoins tout le conseil n'était pas d'opinion qu'il fallût essayer cette entreprise. Le sire de la Trémoille ne le voulait point; d'autres aussi pensaient que les termes où l'on était avec le duc de Bourgogne, que l'assurance donnée chaque jour par messire de Luxembourg du désir de faire la paix, que les paroles meilleures encore du sire de Charny, qui avait laissé penser que son maître remettrait bientôt Paris aux mains du roi, que la médiation du duc de Savoie, valaient mieux qu'une attaque incertaine et que tout pourrait échouer ou se retarder beaucoup, si cette attaque venait à manquer.

Mais la Pucelle s'assurait d'entrer à Paris, et elle avait alors plus grande renommée que jamais. Elle s'en vint avec l'avant-garde, où commandaient le duc d'Alençon, les maréchaux de Raiz et de Boussac, le sire d'Albret, le comte de Vendôme et les principaux chevaliers, loger à la Chapelle-Saint-Denis. Toute l'armée du roi se répandit dans les villages voisins, devant les portes Saint-Honoré et Saint-Denis.

Il y avait plus à compter sur les intelligences qu'on pourrait pratiquer dans la ville que sur le succès de l'assaut. Le duc d'Alençon écrivit au prévôt de Paris, au prévôt des marchands, aux échevins, les appelant par leurs noms, leur parlant un langage doux et flatteur, leur faisant des promesses. Ils en furent peu touchés ; c'était des gens dévoués aux Anglais et aux Bourguignons. Le parlement, les magistrats de tout rang, les quarteniers avaient pour la plupart trop offensé le roi pour se fier à sa bonté ; ils se souvenaient trop d'avoir mis à mort ses plus fidèles serviteurs, lors du massacre des Armagnacs. Aussi rien ne fut oublié pour bien se défendre. Les barrières furent réparées, les fossés creusés ; des pierres furent entassées sur les murailles, les serments furent renouvelés publiquement, les dépôts judiciaires, l'argent des églises, la bourse des principaux bourgeois furent mis à contribution pour payer

les gens d'armes. La populace fut animée
contre messire Charles de Valois et les Armagnacs; on lui fit accroire que la ville de
Paris devait, si elle était prise, être renver-
sée et que la charrue devait en labourer la
place.

La façon dont se comportaient les gens
d'armes de France ne pouvait que donner
crédit à ces mensonges; ils ne recevaient
point de paye, et la victoire les rendait in-
solents, de sorte qu'ils se livraient à mille
désordres ; rien ne les pouvait retenir. La
Pucelle en cela n'était point écoutée. Son
courroux était si grand, qu'un jour rencon-
trant des gens d'armes qui faisaient la débauche avec une fille de mauvaise vie, elle
se mit à les battre du plat de son épée, si
fort que l'arme se rompit. C'était l'épée
trouvée dans l'église de Fierbois, et qui venait de faire de si belles conquêtes. Ce fut
un sujet de chagrin pour tous, et même

pour le roi. « Vous deviez, dit-il à Jeanne,
« prendre un bon bâton et frapper dessus,
« sans aventurer ainsi cette épée qui vous
« est venue divinement comme vous dites. »
La Pucelle en eut ainsi beaucoup de regret ;
elle était bien attachée à cette épée, parce
qu'elle venait de l'église de Sainte-Catherine qu'elle aimait tant. Toutefois elle pré-
férait beaucoup, voire quarante fois mieux,
son étendard, disait-elle ; car elle se servait
peu de l'épée. Elle ne voulait tuer personne,
et se contentait de s'en aller la première,
avec son étendard, écartant ceux qui l'attaquaient, avec la lance ou avec une petite
hache qu'elle portait suspendue à sa cein-
ture.

Enfin après huit jours passés à Saint-
Denis, les Français se présentèrent devant
la porte Saint-Honoré et se rangèrent en
bataille dans le marché aux Pourceaux, sous
la butte des Moulins, à peu près où est au-

.jourd'hui la rue Traversière. Ils amenaient avec eux une nombreuse artillerie qu'ils placèrent sur la butte, et un grand nombre de chariots remplis de fagots et de fascines pour combler les fossés.

Les Parisiens étaient pour lors à la grand'-messe ; c'était le jour de la Nativité de la Vierge. Tout à coup le bruit se répandit que les Armagnacs attaquaient la ville. Ceux qui les favorisaient criaient : « L'ennemi est « entré, tout est perdu. » Mais il n'y eut aucune émeute ; presque tous les habitants rentrèrent aussitôt chez eux, dans l'angoisse de ce qui allait advenir; d'autres s'en allèrent bravement défendre Paris et se joindre aux Anglais, aux Bourguignons et à la milice qui s'étaient portés au lieu attaqué. Les Français voyaient aller et venir, le long des murailles, les étendards des chevaliers bourguignons et la bannière blanche à la croix rouge.

Bientôt le combat s'engagea main à main. Jeanne et quelques chevaliers, entre autres le sire de Saint-Vallier, s'en allèrent attaquer la première barrière ; ils y mirent le feu et entrèrent ainsi dans le boulevard du dehors. Il y avait encore deux fossés avant d'arriver à la muraille. La Pucelle voulut continuer l'attaque ; elle voyait que le premier fossé n'était pas difficile à passer, mais le second était profond et rempli d'eau. Quelques-uns des hommes d'armes auraient bien pu le lui dire ; mais sans doute parce que Jeanne commençait à leur déplaire et à exciter leur envie, ils la laissèrent aller.

Si toute la puissance des Français se fût portée à cet assaut, les Anglais pendant ce temps-là, auraient pu sortir par la porte Saint-Denis et tomber sur les assaillants. Aussi le duc d'Alençon, le comte de Clermont, le sire de Montmorency, qu'on venait de faire chevalier, et la plus grande part des capitaines, restèrent en bataille au flanc de la butte des Moulins, qui les mettait à l'abri de l'artillerie des Parisiens.

Pendant ce temps-là Jeanne, le maréchal de Raiz et d'autres seigneurs en assez bon nombre passèrent aisément le premier fossé. Quand on fut au second, on le vit large, profond, rempli d'eau et de boue ; la Pucelle s'en allait, sondant de place en place, avec sa lance, où l'on pourrait risquer le passage. Elle ne s'épouvantait pas, et commanda qu'on apportât les fagots et les fascines pour essayer de le combler. On lui obéissait vaillamment, et les Français semblaient résolus à ce périlleux assaut. Non-seulement les canons et les couleuvrines portaient en cet endroit, mais les traits des archers y pleuvaient sans relâche, les gens des deux partis qui se voyaient et s'entendaient, s'adressaient mille menaces et mille injures. Jeanne leur criait : « Rendez la ville

« au roi de France, » et ne recevait pour
toute réponse que des outrages grossiers
et des paroles déshonnêtes. Rien ne pouvait l'arrêter ni la troubler. Mais bientôt
atteinte d'une flèche à la jambe, ayant vu
tomber le vaillant homme d'armes qui portait son étendard, elle fut contrainte de se
coucher par terre sur le revers du tertre qui
séparait les deux fossés. Là elle ordonnait
encore l'attaque, et ne voulait point qu'on
se retirât de l'assaut. Cependant la nuit approchait ; il n'y avait nul espoir de passer
ce fossé profond ; on n'apercevait point
qu'aucun mouvement eût éclaté parmi les
habitants de la ville. L'ordre arriva du seigneur de la Trémoille pour revenir vers
Saint-Denis. Jeanne ne voulait point entendre parler de s'en aller ; chacun s'en re-
tournait qu'elle restait encore couchée près
du fossé, sans écouter les remontrances
qu'on lui pouvait faire ; toutes les instances

étaient inutiles. Le duc d'Alençon l'envoya conjurer de se laisser ramener; enfin, il vint lui-même la chercher et parvint à la décider.

La retraite des Français ne fut troublée par aucune sortie, ils ramassèrent leurs morts, qui étaient en assez grand nombre, les enfermèrent dans une grange de la ferme des Mathurins, et les brûlèrent.

Le voyage du roi vers Paris était maintenant sans but : il manquait d'argent, il se trouvait loin des provinces qui pouvaient lui en donner et fournir des munitions. Le régent allait revenir avec de plus grandes forces. Les gens d'armes ne se sentaient plus le même espoir ni le même courage. La discorde régnait dans le conseil; les uns rappelaient qu'ils n'avaient pas voulu cette attaque de Paris; les autres que, si elle eût été entreprise avec plus de forces et continuée avec plus de constance, un parti se fût déclaré dans Paris pour le roi.

Beaucoup murmuraient contre la Pucelle, qui leur avait promis, disaient-ils, de coucher cette nuit même dans Paris. Enfin, dans ce chagrin de tous, il fut résolu de retourner vers la Loire. Jeanne, sans doute avec la volonté de quitter le service de guerre, suspendit son armure blanche sur le tombeau de saint Denis, avec une épée qu'elle avait conquise sur un Anglais dans l'assaut de Paris. Mais on s'employa si bien à la consoler, on loua si fort sa bonne volonté et sa vaillance, on lui répéta tellement que si l'on eût fait ce qu'elle avait dit, la chose eût mieux réussi, qu'elle consentit à suivre le roi. Depuis elle assura que l'entreprise sur Paris s'était faite contre le conseil de ses voix et qu'elle avait eu tort de ne leur point obéir.

Le conseil du roi en revint au dessein de s'assurer de tout le cours de la Loire. Perrinet Grasset, aventurier bourguignon, tenait encore en ce moment la Charité et les places de cette contrée. On lui fit proposer de se déclarer pour le roi, mais il n'y voulut point entendre. Alors on assembla à Bourges un certain nombre de gens d'armes; le sire d'Albret fut leur chef, et s'en alla, avec la Pucelle, assaillir Saint-Pierre-le-Moutier.

Ce fut encore là un des plus beaux exploits de Jeanne. Les Français n'étaient pas nombreux; leurs plus fameux capitaines étaient occupés dans d'autres entreprises ou dans diverses garnisons. Le siége durait depuis quelques jours; les assiégés se défendaient bien. Déjà plusieurs attaques avaient échoué. Un jour que les Français repoussés se retiraient en désordre et que les meilleurs hommes d'armes pensaient à lever le siége, Jeanne, demeurée presque seule, ne voulut point s'éloigner du rempart. Le sire de Daulon, son écuyer,

accourut pour l'emmener : « Vous êtes
« seule, dit-il. — Non, dit-elle en ôtant son
« casque, j'ai cinquante mille hommes, et
« il faut prendre la ville. » Elle lui sembla
insensée ; mais, sans s'arrêter à ses discours, la Pucelle se mit à appeler tous ses
gens, leur criant d'apporter des claies et
des fascines. Sa voix les ranima ; ils obéi-
rent à ses ordres. Elle ne cessait de les
presser. En un instant, le fossé fut comblé,
l'assaut recommencé, la ville prise. La Pucelle ne fit jamais rien qui parut plus merveilleux et plus divin.

Ce fut à ce moment que le roi, afin de so-
lenniser et de perpétuer la mémoire des
grâces inespérées et éclatantes que la divine Providence lui avait accordées par le
ministère de la célèbre, chère et bien-aimée
Pucelle Jeanne d'Arc, jugea convenable et
opportun de conférer l'honneur et tous les
priviléges de la noblesse à Jeanne et à toute

sa famille. Elle mérite, ajoutent les lettres patentes, d'être élevée et glorifiée par les plus grandes récompenses dont dispose la puissance royale, ainsi qu'elle l'a déjà été par l'éclatante faveur du ciel. Tel est à peu près le texte des lettres patentes délivrées à Meung-sur-Gèvres au mois de décembre 1429.

En ce temps-là, il était venu près du roi une autre sainte femme qui se disait aussi prophétesse. Elle se nommait Catherine, et venait de la Rochelle, promettant de même de grandes choses au roi. Elle n'allait point à la guerre, mais son fait était de prêcher, au nom du ciel, qu'on apportât de l'argent au roi, et elle disait qu'elle saurait bien connaître ceux qui tiendraient leurs trésors cachés. Elle avait aussi des visions, et souvent, disait-elle, il lui apparaissait une dame blanche vêtue d'or. Jeanne, non-obstant qu'il y eût grand besoin d'argent pour payer les gens d'armes, ne voulut point croire aux discours de Catherine. Elle demanda à voir la dame blanche. Catherine la fit coucher avec elle pour être témoin de la vision qui venait toujours la nuit. La Pucelle veilla longtemps sans rien voir apparaître ; mais s'étant endormie, Catherine assura que c'était alors que la dame était venue. Le lendemain Jeanne dormit durant la journée pour pouvoir se tenir éveillée toute la nuit. En effet, elle ne ferma pas l'œil, et elle demandait toujours à Catherine : « Viendra-t-elle point ? — Oui, bientôt, disait l'autre ; » mais rien ne parut.

Cependant Jeanne ne pouvait pas plus montrer ses visions que Catherine, et disait à ceux qui lui en parlaient, qu'ils n'étaient pas assez dignes, ni vertueux pour voir ce qu'elle voyait. Il était donc raisonnable qu'elle ne regardât point comme une preuve contre cette femme de la Rochelle le fait de ne pouvoir communiquer ses visions à d'autres. Alors elle résolut d'en parler, ainsi qu'elle le raconta, à sainte Catherine et à sainte Marguerite, qui lui dirent qu'il n'y avait que folie et mensonge dans la femme de la Rochelle. Aussi voulut-elle la renvoyer à son ménage nourrir ses enfants, et dit au roi qu'il ne la fallait point écouter. Ce fut, à ce qu'il semble, l'avis de tous. Frère Richard, toutefois, lui était favorable, et tous deux étaient contraires à Jeanne.

Après la prise de Saint-Pierre-le-Moutier, on alla assiéger la Charité. Le maréchal de Boussac et le sire d'Albret y étaient avec Jeanne, la ville était merveilleusement fortifiée. Perrinet Grasset était un habile et vaillant capitaine. Les Français n'étaient pas fort nombreux. Ils demeurèrent un mois devant les murailles sans avancer en rien. On livra plusieurs assauts sanglants et toujours sans succès. Enfin, une fausse alerte, donnée par Perrinet Grasset, mit en déroute les Français, et ils revinrent laissant leurs canons. Jeanne assura ensuite que son avis avait été de ne point tenter cette entreprise.

Alors, après avoir assemblé un plus grand nombre de combattants, le conseil du roi revint au projet de porter la guerre dans les environs de Paris, sur la Seine, les affaires du roi allaient mieux de ce côté-là. Les garnisons françaises avaient presque toutes réussi à se conserver et à se défendre. Les habitants de Melun s'étaient délivrés des Anglais, et avaient appelé chez eux le commandeur de Giresme. Saint-Denis avait été surpris. La Hire avait pris Louviers, et courait jusqu'aux portes de Rouen. Cette ville même avait failli revenir aux mains des Français par le complot de quelques bourgeois. En outre, Paris se remplissait chaque jour de mécontents, les Parisiens détestaient de plus en plus la guerre et les Anglais. Une grande conjuration se forma même pour faire entrer dans la ville les gens de guerre du parti du roi. L'entreprise échoua, mais une autre pouvait se former. Le roi envoya donc toutes ses forces vers Paris; la Pucelle s'y rendit aussi; son avis était qu'on ne pouvait trouver la paix qu'au bout de sa lance; tandis que Catherine disait, au contraire, qu'il fallait traiter avec le duc de Bourgogne, et que si l'on voulait, elle s'en irait persuader ce prince.

Dès que Jeanne et les secours qu'elle amenait furent arrivés, tout commença à prospérer mieux encore pour les Français; la garnison anglaise de Corbeil, et les gens venus de Paris, furent repoussés devant Melun qu'ils voulaient reprendre. Saint-Maur, proche Vincennes, fut surpris Une nouvelle conjuration éclata dans Paris parmi les prisonniers qui étaient à la Bastille ; ils étaient sur le point d'égorger le capitaine et de livrer la porte Saint-Antoine, lorsque le sire de l'Isle-Adam arriva au plus vite ; frappant lui-même de sa hache ceux qui venaient de tuer les gardes des portes, il arrêta le succès de cette entreprise et fit noyer tous ces malheureux prisonniers.

Vers le même moment, un des plus vaillants chefs des compagnies bourguignonnes, nommé Franquet d'Arras, courait le pays avec trois cents Anglais et Bourguignons et commettait mille cruautés. Jeanne s'en alla l'attaquer ; il avait de bons archers et se retrancha fortement ; tout son monde avait mis pied à terre ; par deux fois Jeanne et les Français furent repoussés, bien que leur attaque fût hardie et vigoureuse. Enfin la garnison de Lagny, commandée par le valeureux sire de

Foucaud, arriva avec de l'artillerie. Franquet, après s'être défendu obstinément, fut forcé derrière son rempart. Presque tous ses gens furent passés au fil de l'épée et lui fut fait prisonnier. La Pucelle voulait le garder pour l'échanger avec un brave Parisien, maître d'une fameuse hôtellerie à l'enseigne de l'Ours, que l'on retenait en prison pour quelque entreprise faite en faveur du roi. Le bailly de Senlis et les juges de Lagny demandèrent, **au** contraire, que Franquet leur fût livré afin de punir ses brigandages. Jeanne ayant appris que l'aubergiste était mort : « En « ce cas, dit-elle, faites de celui-ci ce « que justice voudra. » Son procès fut suivi et il fut décapité. La mort de ce fameux chef de guerre, que le duc de Bourgogne et les Anglais aimaient beaucoup **et** que sa grande vaillance avait rendu cher à tous les hommes d'armes, donna un

courroux extrême aux ennemis. On assura
que Jeanne avait violé la foi promise et
avait manqué à toutes les lois de la guerre.
Cela augmenta la réputation de cruauté
qu'elle avait parmi les adversaires du roi.
Ils répandirent même qu'elle avait tué
Franquet de sa main. Jamais elle n'avait
inspiré tant de terreur aux Anglais et par
conséquent une si grande haine à leurs
chefs. Les archers et les gens d'armes
qu'on enrôlait en Angleterre prenaient la
fuite et se cachaient plutôt que de venir en
France combattre contre la Pucelle, et l'on
était contraint de publier de sévères or-
donnances contre les capitaines et les soldats qui tardaient à partir, ou s'y refu-
saient, effrayés de ses sortiléges.

Le duc de Bourgogne étant venu mettre
le siége devant Choisy-sur-Oise, la Pucelle,
le comte de Vendôme et beaucoup d'autres
seigneurs partirent des bords de la Marne

pour venir secourir cette forteresse. Il fallait passer la rivière d'Aisne; ils se présentèrent devant Soissons. Le comte de Clermont y avait laissé pour capitaine un écuyer picard, nommé Guichard Journel. Cet homme traitait déjà avec le duc de Bourgogne; il ferma ses portes aux Français, persuada aux habitants qu'une nombreuse garnison, s'établissant dans la ville, ne tarderait pas à les affamer, et en même temps s'excusa auprès du duc de Vendôme sur la volonté du peuple. La troupe française était nombreuse; il y avait là plusieurs grands seigneurs avec un train considérable. Voyant que la route n'était pas libre, que le pays manquait de vivres, ils s'en retournèrent dans le pays d'où ils venaient; la Pucelle, avec quelques vaillants chevaliers, s'en alla à Compiègne, mais n'y demeura guère.

Le duc de Bourgogne, pour que les

vivres qui arrivaient à son camp devant Choisy par Montdidier et Noyon ne fussent pas arrêtés par la garnison française de Compiègne, avait placé à Pont-l'Évêque et dans les faubourgs de Noyon une garde d'Anglais et de Bourguignons. Un matin à la pointe du jour, la Pucelle, Saintrailles, Valperga, le sire de Chabannes et d'autres, au nombre d'environ deux mille, tombèrent avec vigueur sur les Anglais de Pont-l'Évêque, dont sire John de Montgommery était chef. Déjà il était contraint de plier, lorsque les sires de Brimeu et de Savreuse arrivèrent de Noyon en toute hâte avec leurs Bourguignons et sauvèrent les Anglais. A quelques jours de là le sire de Brimeu fut surpris par Saintrailles pendant qu'il se rendait devant Choisy, et mis à forte rançon. Toutes ces entreprises ne purent sauver Choisy, que le duc assiégeait avec une redoutable artillerie.

Il vint ensuite mettre le siége devant
Compiègne ; c'était la principale ville que
les Français eussent dans le pays. Le sire
Guillaume de Flavy, que le roi y avait mis
pour capitaine, et qui l'avait conservée
ensuite, malgré ses ordres, était un vaillant homme de guerre, mais le plus dur et
le plus cruel peut-être qu'on connût dans
ce temps-là. Il n'y a pas de crime qu'il
ne commît chaque jour. Il faisait mourir
toutes sortes de gens, sans justice ni miséricorde, dans les plus affreux supplices.

Ce terrible capitaine avait fait les plus
grands préparatifs pour se bien défendre.
La ville était suffisamment approvisionnée
de vivres et de munitions. Les murailles
étaient fortes et réparées à neuf, la garnison nombreuse, l'artillerie bien servie.
Aussi le duc de Bourgogne rassembla toute
sa puissance pour un siége si difficile. Il
fit entourer la ville presque de tous les cô-

tés : le sire de Luxembourg, le sire Baudoin de Noyelles, sire John Montgommery et le duc lui-même commandaient chacun les postes principaux.

La Pucelle, dès qu'elle apprit que Compiègne était ainsi resserrée, partit de Crespy pour aller s'enfermer avec la garnison. Dès le jour même de son arrivée, elle tenta une sortie par la porte du pont, de l'autre côté de la rivière d'Aisne. Elle tomba à l'improviste sur le quartier du sire de Noyelles, au moment où Jean de Luxembourg et quelques-uns de ses cavaliers y étaient venus pour reconnaître la ville de plus près. Le premier choc fut rude; les Bourguignons étaient presque tous sans armes. Le sire de Luxembourg se maintenait de son mieux, en attendant qu'on pût lui amener des secours de son quartier, qui était voisin de celui des Anglais. Bientôt le cri d'alarme se répandit parmi tous les assiégeants, et ils commencèrent à arriver en foule. Les Français n'étaient pas en nombre pour résister. Ils se mirent en retraite. La Pucelle se montra plus vaillante que jamais ; deux fois elle ramena ses gens sur l'ennemi ; enfin, voyant qu'il fallait rentrer dans la ville, elle se mit en arrière-garde pour protéger leur marche et les maintenir en bon ordre contre les Bourguignons, qui, sûrs maintenant d'être bien appuyés, se lançaient vigoureusement à la poursuite. Ils reconnaissaient l'étendard de la Pucelle et la distinguaient à sa huque d'écarlate brodée d'or et d'argent ; enfin ils poussèrent jusqu'à elle. La foule se pressait sur le pont. De crainte que l'ennemi n'entrât dans la ville à la faveur du désordre, la barrière n'était pas grande ouverte ; Jeanne se trouva environnée des ennemis, elle se défendit courageusement avec une forte épée qu'elle avait conquise à Lagny sur un Bourguignon. Enfin, un archer picard, saisissant sa huque de velours, la tira en bas de son cheval ; elle se releva, et, combattant encore à pied, elle parvint jusqu'au fossé qui environnait le boulevard devant le pont. Pothon le Bourguignon, vaillant chevalier du parti du roi, et quelques autres, étaient restés avec elle et la défendirent avec des prodiges de valeur. Enfin il fallut se rendre à Lionel, bâtard de Vendôme, qui se trouva près d'elle.

Elle fut aussitôt amenée au quartier du sire de Luxembourg et la nouvelle s'étant répandue parmi les assiégeants, ce fut une joie sans pareille. On aurait dit qu'ils eussent gagné quelque grande bataille, ou que toute la France fût à eux ; car les Anglais ne craignaient rien tant que cette pauvre fille. Chacun accourait de tous côtés pour la voir. Le duc de Bourgogne ne fut pas des derniers ; il vint au logis où elle avait été amenée et lui parla, sans qu'on pût bien savoir ce qu'il lui dit. On écrivit tout aussitôt à Paris, en Angleterre et dans toutes les villes de la domination de Bourgogne, pour annoncer cette grande nouvelle. Le *Te Deum* fut chanté en grande solennité, par ordre du duc de Bedfort.

Ce fut au contraire un grand sujet de tristesse pour les Français. Aux regrets qu'excita cette perte se mélèrent de fâcheux soupçons. On disait parmi le peuple que les chevaliers et les seigneurs, jaloux de sa grande renommée, avaient tramé sa ruine. Le sire de Flavy, déjà si détesté, fut surtout accusé ; on prétendit qu'il l'avait vendue d'avance au sire de Luxembourg, et qu'il avait fait fermer la porte sur elle pour qu'elle demeurât aux mains des ennemis. Le bruit se répandit que ses voix lui avaient prédit sa perte, et que le jour même, comme elle était allée communier dévotement à l'église Saint-Jacques, elle s'appuya tristement contre un des piliers, et dit à plusieurs habitants et à grand nombre d'enfants qui se trouvaient là : « Mes « bons amis et mes chers enfants, je vous « le dis avec assurance, il y a un homme « qui m'a vendue ; je suis trahie, et bientôt « je serai livrée à la mort. Priez Dieu pour « moi, je vous supplie ; car je ne pourrai « plus servir mon roi, ni le noble royaume « de France. » Cependant elle ne se plaignait jamais de personne, se bornant à dire que depuis quelque temps il lui avait été annoncé qu'elle tomberait, avant la Saint-Jean, au pouvoir des ennemis. Elle n'avait jamais parlé de cette prédiction à personne. Au contraire, les hommes d'armes disaient qu'elle les avait encouragés à faire une sortie, et leur avait promis la victoire contre les Bourguignons. Les récits qui s'ac-

créditèrent contre la trahison du sire de
Flavy prouvaient donc seulement la haine
qu'on lui portait, et, en effet, il défendit si
vaillamment Compiégne, que, du moins, il
n'est pas à croire qu'il eût des intelligences
avec les ennemis.

La Pucelle n'était pas prisonnière depuis
trois jours, qu'on put voir quelle ardeur de
vengeance les Anglais, leurs partisans et
leurs serviteurs avaient conçu contre elle.
Frère Martin, maître en théologie et vicaire
général de l'inquisiteur de la foi au royaume
de France, écrivit au duc de Bourgogne :

« Usant des droits de notre office et de
« l'autorité à nous commise par le saint-
« siége de Rome, nous requérons instam-
« ment et enjoignons, en faveur de la foi
« catholique et sur les peines de droit,
« d'envoyer et amener prisonnière par-
« devers nous ladite Jeanne, véhémentement
« soupçonnée de plusieurs crimes sentant

« hérésie, pour être selon le droit, par-
« devers nous, procédé contre elle par le
« promoteur de la sainte inquisition. »

Depuis le roi saint Louis, il y avait, en
effet, en France un office de l'inquisition
confié au provincial des Dominicains ou
frères prêcheurs, et aux gardiens des frères
mineurs de Paris. Ils devaient, par eux ou
par le vicaire dans chaque diocèse, se faire
délivrer les procédures faites contre les hérétiques, ou procéder contre eux de leur
propre mouvement et implorer, s'il le fallait,
le bras séculier contre lesdits hérétiques,
à moins que les accusés ne se soumissent
entièrement à l'Église. Mais ces inquisi-
teurs ne pouvaient juger que d'accord avec
l'évêque du diocèse. C'est ainsi qu'il avait
été procédé contre Jean Petit, pour son
apologie du meurtre du duc d'Orléans.

Le sire de Luxembourg, à qui le bâtard
de Vendôme avait vendu sa prisonnière, ne

s'arrêta point à l'injonction de l'inquisiteur; il envoya la Pucelle dans son château de Beaurevoir, en Picardie, où, bien qu'elle fût gardée sévèrement, les dames de Luxembourg lui firent un accueil doux et consolant.

Bientôt l'université écrivit au duc de Bourgogne pour demander instamment que Jeanne fût remise à l'inquisiteur de la foi et à l'évêque de Beauvais, dans le diocèse duquel elle avait été prise. Le duc ne répondit point, et l'université envoya une nouvelle lettre, lui reprochant de ne pas avoir répondu, et de n'avoir pourvu encore à rien relativement à cette femme. « Nous crai-
« gnons beaucoup, écrivaient ces docteurs,
« que par la séduction et la malice de l'en-
« nemi d'enfer, et par les subtilités des
« mauvaises personnes et de vos adversai-
« res, qui mettent, dit-on, tous leurs soins
« à la délivrer, elle soit mise hors de votre

« puissance par quelque manière que Dieu
« ne voudrait pas permettre. En vérité, au
« jugement de tout bon catholique, jamais
« il ne serait, de mémoire d'homme, advenu
« si grande lésion de la sainte foi, si énorme
« péril et dommage pour la chose publique
« de ce royaume, que si elle échappait par
« une voie si damnable et sans punition
« convenable. » Ils écrivirent de même au
sire de Luxembourg.

Mais ces lettres ne produisant encore nul
effet, l'évêque de Beauvais, qui commença
pour lors à entreprendre la mort de la Pucelle avec le zèle du plus ardent serviteur
des Anglais, fit signifier au duc de Bourgogne, en présence de ses chevaliers et
dans sa bastille devant Compiègne, une
lettre de réquisition qui fut remise par des
notaires apostoliques. Pareille injonction
fut faite au sire de Luxembourg.

« Combien que, disait-il en sa lettre,

« cette femme, qu'on nomme Jeanne la pu-
« celle, ne doive pas être regardée comme
« prisonnière de guerre, néanmoins, pour
« la rémunération de ceux qui l'ont prise
« et détenue, le roi veut libéralement leur
« bailler jusqu'à la somme de 6,000 francs,
« et pour ledit bâtard qui l'a prise lui don-
« ner et assigner rente pour soutenir son
« État jusqu'à deux ou trois cents livres. »
Il ajoutait : « Enfin, si eux ou quelques-uns
« d'entre eux ne voulaient, pour les motifs
« susdits, obtempérer à ce qui est demandé,
« bien que la prise de cette femme ne soit
« point pareille à celle d'un roi, d'un
« prince ou d'autres gens de grand État,
« toutefois, comme un roi, un dauphin ou
« tout autre prince, pourraient, selon le
« droit, l'usage et la coutume de France,
« être retirés du preneur en lui baillant
« 10,000 francs, ledit évêque requiert les
« susdits que la Pucelle lui soit délivrée,

« en donnant sûreté pour la somme de
« 10,000 francs. »

Enfin, le sire de Luxembourg se rendit à
de si fortes instances, et céda la Pucelle au
gouvernement des Anglais, moyennant
10,000 francs. Le duc de Bourgogne venait
de retourner dans ses États de Flandre,
laissant le siége de Compiègne aux soins
des sires de Brimeu, de Lannoy et de Saveuse, et des comtes de Huntington et d'A-
rundel qui venaient d'y amener un renfort
considérable d'Anglais. Le sire de Luxembourg était chargé d'être chef de toute cette
armée.

Cependant la prise de la Pucelle n'avait
point abattu les Français ; Compiègne se
défendait contre toutes les attaques du sire
de Luxembourg ; tout nombreux que fussent ses gens, il pouvait seulement entourer
la ville et en fermer toutes les avenues par
des bastilles et des boulevards ; de sorte que

rien n'arrivait plus ni par les routes, ni par la rivière de l'Oise. Les assiégés, réduits aux horreurs de la famine, envoyèrent supplier le maréchal de Boussac, le comte de Vendôme et les autres capitaines du roi, de venir à leur secours.

Les renforts qu'ils envoyèrent forcèrent le sire de Luxembourg de dégarnir ses lignes, afin de former une troupe suffisante pour marcher contre ces nouveaux assaillants. Les assiégés en profitèrent avec une merveilleuse ardeur, et s'en allèrent en foule donner l'assaut à la grande bastille, apportant des échelles et tout ce qui était nécessaire à de telles attaques. Les sires de Brimeu et de Créqui, chargés de sa défense, avec leurs Picards, n'étaient pas nombreux ; ils se défendirent avec courage et repoussèrent vivement les gens de Compiègne ; mais ceux-ci avaient une ferme volonté de détruire des ennemis qui, depuis six mois, leur faisaient tant de mal. Guillaume de Flavy, le sire de Gamaches, abbé de Saint-Pharon, qui avait si bien défendu la ville de Meaux, d'autres encore étaient là, excitant et dirigeant ce brave peuple. Une seconde attaque fut repoussée, mais en ce moment Saintrailles et sa compagnie débouchèrent de la forêt et l'assaut recommença avec plus de vigueur encore. Cependant aucun secours n'arrivait aux gens de la bastille. Le sire de Luxembourg n'avait pas trop de tout son monde pour tenir en échec le maréchal de Boussac et les Français. Enfin, après une vaillante défense, la bastille fut emportée. Le carnage y fut grand, près de deux cents hommes d'armes y périrent. Les sires de Brimeu et de Créqui, et d'autres furent mis à forte rançon.

Successivement tous les ouvrages des assiégeants furent emportés. Le sire de Luxembourg et le comte de Huntington, après un tel échec, se résolurent d'offrir dès le lendemain la bataille aux Français. Mais les Bourguignons et les Anglais étaient effrayés; ce long siége avait lassé leur patience. Sans prendre ordre de personne, pendant la nuit, ils s'en allèrent de tous côtés. Les deux chefs ainsi abandonnés de leurs hommes n'eurent autre chose à faire que de se retirer promptement avec ce qui leur restait, abandonnant dans les bastilles les munitions et la belle artillerie du duc de Bourgogne. Ce fut sous leurs yeux et au moment de leur départ que les gens de Compiègne vinrent s'emparer de leurs logis et détruire leurs ouvrages en leur criant mille injures. Les Français, se trouvant maîtres de toute la campagne, reprirent bientôt presque toutes les forteresses.

Le duc de Bourgogne était à Bruxelles, célébrant par de belles fêtes la naissance de son fils, qui fut nommé Antoine de Bour-

gogne, lorsqu'il apprit comment ses gens
avaient été chassés de devant Compiègne,
et comment les grands frais qu'il avait faits
pour prendre cette ville se trouvaient perdus. Il partit aussitôt pour Arras; il y avait
convoqué toute la noblesse du pays et des
provinces voisines, ordonnant à chaque seigneur de venir avec ce qu'il pourrait rassembler de gens de guerre; puis s'avança
jusqu'à Péronne et envoya son avant-garde
occuper Lihons et Santerre. Elle était commandée par les sires Jacques de Heilly et
Antoine de Vienne. Sire Thomas Kyriel,
chevalier anglais, en faisait aussi partie avec
aller des hommes de sa nation. Le duc devait
les rejoindre, et leur amener du monde à Germigny. C'était une petite ville dont le château était occupé par une garnison française fort peu nombreuse. L'avant-garde
s'en allait sans nulle crainte, les hommes
d'armes n'avaient pas pris leur armure. En

arrivant devant la forteresse, ces Bourguignons et ces Anglais virent tout à coup partir un renard dans les champs. Ne redou-
tant rien d'une garnison qu'ils croyaient si
faible, ils se mirent en chasse, sans précaution ni méfiance. Mais Saintrailles était arrivé la veille au soir dans Germigny. Il sut
par ses coureurs que l'ennemi s'avançait en
désordre. Les gens qu'il avait amenés étaient
vaillants et éprouvés. Il les exhorta à bien
faire, et leur montra que si les ennemis
étaient plus nombreux, ils étaient pris au
dépourvu. Aussitôt ils tombèrent sur eux
avec un grand élan et poussant des cris;
ils eurent bientôt dispersé les Bourguignons. Cependant les capitaines se rassem-
blèrent avec quelques-uns de leurs hommes
sous l'étendard de sir Thomas Kyriel et se
défendirent vaillamment. Ce courage ne put
servir qu'à leur honneur; en peu de moments ils furent pris ou tués. Jacques de

Heilly, Antoine de Vienne et environ cinquante ou soixante chevaliers bourguignons ou anglais périrent; Kyriel fut fait prisonnier. Après cette heureuse expédition, Saintrailles retourna à Compiègne. Ce revers ne fut pas le seul éprouvé par les Bourguignons. Une suite de rencontres toutes à l'avantage des troupes du roi soumirent bientôt presque toute la Champagne à son autorité.

Le courroux qu'en ressentirent les Anglais, la honte de leurs défaites allumèrent encore plus la haine qu'ils avaient contre la Pucelle, maintenant leur prisonnière. Elle était la première origine de la ruine de leurs affaires. Quand elle avait paru, ils étaient au comble de leur gloire, et, depuis, rien ne leur avait prospéré. Comme en général ils étaient plus portés à la superstition que les Français, ils s'imaginaient que tout leur tournerait à mal tant que Jeanne vivrait. Leurs chefs les plus sages avaient eux-mêmes conçu une ardeur incroyable de vengeance contre cette malheureuse fille ; ils avaient soif de sa mort. Ils voulaient aussi jeter un reproche d'infamie sur les victoires des Français et sur la cause du roi Charles VII, en y montrant un mélange de sorcelleries et de crimes contre la foi catholique. Leur rage était si grande qu'ils firent brûler à Paris une pauvre femme de Bretagne, seulement parce qu'elle affirmait, d'après les visions qu'elle avait souvent de Dieu, que Jeanne était une bonne chrétienne, qu'elle n'avait rien fait que de bien, et qu'elle était venue de la part de Dieu.

Les Anglais avaient, pour perdre la Pucelle, un zélé et cruel serviteur dans la personne de Pierre Cauchon, évêque de Beauvais. Excité sans cesse par le duc de Bedfort et le comte de Warwick, il conduisit toute la procédure. Il pouvait s'y entendre, car avant d'être homme d'église il avait été homme de justice; en 1418, il avait été pourvu de l'office de maître des requêtes. Les docteurs de l'Université ne furent pas moins ardents; ce sont eux qui, en apparence, mirent tout en mouvement.

Après six mois passés dans les prisons de Beaurevoir, d'Arras et du Crotoy, Jeanne avait été conduite à Rouen, où se trouvait le jeune roi Henri et tout le gouvernement des Anglais. Elle fut menée dans la grosse tour du château; on fit forger pour elle une cage de fer, où on lui mit les fers aux pieds. Les archers anglais qui la gardaient l'insultaient grossièrement, et parfois essayèrent de lui faire violence. Ce n'était pas seulement les gens du commun qui se montraient cruels et violents envers elle. Le sire de Luxembourg, dont elle avait été prisonnière, passant à Rouen, alla la voir dans sa prison avec le comte de Warwick et le comte de Straffoıd : « Jeanne, dit-il en plaisantant,

« je suis venu te mettre à rançon; mais il
« faut promettre de ne t'armer jamais contre
« nous. — Ah! mon Dieu, vous vous riez de
« moi, dit-elle; vous n'en avez ni le vouloir ni
« le pouvoir. Je sais bien que les Anglais me
« feront mourir, croyant après ma mort
« gagner le royaume de France; mais fus-
« sent-ils cent mille *Goddem* de plus qu'à
« présent, ils n'auront pas ce royaume.»
Irrité de ces paroles, le comte de Strafford
tira sa dague pour la frapper et ne fut arrêté
que par le comte de Warwick.

Il n'y avait pas en ce moment d'archevêque de Rouen. Pour que l'évêque de Beauvais pût devenir juge de la Pucelle, qui
avait été prise dans son diocèse, il fallait
que le chapitre de Rouen lui accordât territoire et juridiction. Le roi Henri, sur la
demande de cet évêque et de l'Université
de Paris, ordonna ensuite par lettres patentes, que la femme qui se faisait appeler la

Pucelle fût livrée audit évêque pour l'interroger et procéder contre elle, sauf à reprendre la susdite, si elle n'était pas atteinte et convaincue de ce qui lui était imputé. Du reste, les Anglais ne voulurent jamais consentir à la mettre, ainsi qu'elle aurait dû être, dans la prison de l'archevêque. Jeanne elle-même, ainsi que quelques docteurs, remarqua cette violation du droit, mais l'évêque de Beauvais s'en inquiéta peu.

Il ne se trouvait guère d'ecclésiastique aussi zélé que Pierre Cauchon pour les Anglais et aussi furieux contre Jeanne. Cependant cet évêque, tout emporté qu'il était, voulut par précaution s'environner d'autant de gens lettrés et habiles qu'il en pourrait réunir. Sa violence et les menaces des Anglais lui firent trouver beaucoup d'hommes faibles qui agissaient par peur et par complaisance, et d'autres, mais en bien petit nombre, qui comme lui **se firent serviteurs cruels** et empressés du conseil d'Angleterre.

Jean Lemaître, vicaire de l'inquisiteur général du royaume, fut des premiers. Il chercha tous les moyens de ne point prendre part aux iniquités qu'il voyait préparer contre la malheureuse Jeanne. Il prétendit que l'évêque de Beauvais, agissant comme sur son propre territoire, le vicaire du diocèse de Rouen n'en devait pas connaître. Il fallut qu'une commission spéciale de l'inquisiteur général lui fût envoyée.

Ce n'était pas chose facile de donner à une telle affaire une apparence de justice, et de contenter les Anglais en suivant les procédés des lois et des coutumes; car il était public que Jeanne était une sainte personne, qui avait bravement combattu contre les Anglais et les Bourguignons, qui avait été prise à la guerre, et à qui l'on n'avait nul autre reproche à faire. Aussi ce

procès fut-il une suite de mensonges, de
piéges dressés à l'accusée, de violations
continuelles du droit, avec l'hypocrisie d'en
vouloir suivre les règles.

On commença par laisser pénétrer dans
sa prison un prêtre nommé Nicolas l'Oiseleur, qui feignit d'être lorrain et partisan
secret du roi de France. Il mit tout en
œuvre pour avoir sa confiance. Pendant ce
temps-là, l'évêque de Beauvais et le comte
de Warwick, cachés tout auprès, écoutaient
ce qu'elle disait. Les notaires qu'ils avaient
amenés pour l'écrire en eurent honte; ils
dirent qu'ils écriraient ce qu'elle répondrait
devant le tribunal, mais que ceci n'était
point chose honnête. D'ailleurs, qu'aurait
dit Jeanne qu'elle ne fût prête à dire devant
tout le monde?

Les seuls juges qui eussent voix pour prononcer étaient l'évêque et le vicaire de
l'inquisiteur. Les docteurs qu'on avait réu-

nis presque jusqu'au nombre de cent, leur servaient seulement de conseils et d'assesseurs. Un chanoine de Beauvais, nommé Estivet, remplissait les fonctions de promoteur, qui sont celles de procureur du roi. Ce fut, après l'évêque, le plus violent contre l'accusée ; il l'injuriait sans cesse, et s'emportait contre ceux qui demandaient les règles de la justice.

Il y avait aussi un conseiller commissaire examinateur pour faire les interrogatoires préliminaires.

On avait envoyé faire des informations à Domremy, dans le pays de Jeanne; comme elles lui étaient favorables, elles furent supprimées, et l'on n'en donna point connaissance aux docteurs. Jeanne commença par subir six interrogatoires de suite devant ce nombreux conseil. Elle y parut peut-être plus courageuse et plus étonnante que lorsqu'elle combattait les ennemis du royaume.

Cette pauvre fille si simple, que tout au plus savait, elle, son *pater* et son *ave*, ne se troubla pas un seul instant. Les violences ne lui causaient ni frayeur, ni colère. On n'avait voulu lui donner ni conseil, ni avocat ; mais sa bonne foi et son bon sens déjouaient toutes les ruses qu'on employait pour la faire répondre d'une manière qui aurait donné lieu à la soupçonner d'hérésie ou de magie. Elle faisait souvent de si belles réponses, que les docteurs en demeuraient tout stupéfaits. On lui demanda si elle savait être en la grâce de Dieu : « C'est une grande « chose, dit-elle, de répondre à une telle « question. — Oui, interrompit un des as- « sesseurs, et l'accusée n'est pas tenue d'y « répondre. — Vous auriez mieux fait de « vous taire, s'écria l'évêque en fureur. — « Si je n'y suis pas, répondit-elle, Dieu m'y « veuille recevoir ; et si j'y suis, Dieu m'y « veuille conserver. » Elle disait encore :

« Si ce n'était la grâce de Dieu, je ne sau-
« rais moi-même comment agir. » Une
autre fois, on l'interrogeait touchant son
étendard : « Je le portais au lieu de lance,
« disait-elle, pour éviter de tuer quelqu'un,
« je n'ai jamais tué personne. » Et puis
quand on voulait savoir quelle vertu elle
supposait dans cette bannière : « Je disais :
« entrez hardiment parmi les Anglais, et
« j'y entrais moi-même. » On lui parla du
sacre de Reims, où elle avait tenu son étendard près de l'autel : « Il avait été à la
« peine, c'était bien raison, dit-elle, qu'il
« fût à l'honneur. »

Quant à ses visions, elle racontait tout
ce qu'elle avait déjà dit à Poitiers. Sa foi
était la même en ce que lui disaient ses
voix, elle les entendait sans cesse dans sa
prison, elle voyait souvent les deux saintes :
elle recevait leurs consolations et leurs
encouragements ; c'était par leur conseil

qu'elle répondait hardiment ; c'était d'après elles qu'elle répétait tranquillement devant le tribunal, tout composé de serviteurs des Anglais, que les Anglais seraient chassés de France.

Un point sur lequel on revenait souvent, c'était les signes qu'elle avait donnés au roi pour être agréée de lui. Souvent elle refusait de répondre là-dessus ; d'autres fois c'étaient les voix qui lui avaient défendu d'en rien dire. Puis, cependant, elle faisait à ce sujet des récits étranges et divers, d'un ange qui aurait remis une couronne au roi de la part du ciel, et de la façon dont cette vision se serait passée. Tantôt le roi seul l'avait vue ; tantôt beaucoup d'autres en avaient été témoins. D'autres fois c'était elle-même qui était cet ange ; puis elle semblait confondre cette couronne avec celle qu'on avait réellement fait fabriquer pour le sacre de Reims. Enfin, ses idées sur les premières entrevues qu'elle avait eues avec le roi semblaient confuses, sans suite et sans signification. Plusieurs ont pu y voir des allégories ou de grands mystères. Dans les serments qu'on lui faisait prêter de répondre la vérité, elle mettait toujours une réserve touchant ce qu'elle avait dit au roi, et elle ne jurait de répondre que sur les faits du procès. Du reste, rien n'était si pieux, si simple, si vrai que tout ce qu'elle disait.

Par là elle ne faisait qu'accroître la fureur des Anglais et de l'évêque. Les conseillers qui prenaient le parti de l'accusée étaient insultés, et souvent ménacés d'être jetés à la rivière. Les notaires étaient contraints d'omettre les réponses favorables, et à grand'peine pouvaient-ils se défendre d'insérer des faussetés. Après les premiers interrogatoires, l'évêque jugea à propos de ne continuer la procédure que devant un très-petit nombre d'assesseurs : il dit aux autres qu'on leur communiquerait tout, et qu'on leur demanderait leur avis sans requérir leur présence.

Le procès avait déjà éloigné tous les faits de sorcelleries. Aucun témoignage, aucune réponse de l'accusée ne pouvaient laisser sur cela le moindre soupçon. Lorsqu'on lui avait parlé d'un arbre des fées, fameux dans son village, elle avait dit que sa marraine assurait bien avoir vu les fées, mais que, pour elle, elle n'avait jamais eu aucune vision en ce lieu. D'ailleurs, on avait procédé aux mêmes visites qu'à Poitiers, et l'idée que le diable ne peut faire de pacte avec une vierge était encore une justification. Le duc de Bedfort eut la déshonnête curiosité de se cacher dans la chambre voisine, durant cette visite, et de regarder par une ouverture de la muraille.

Ainsi l'accusation se dirigea sur deux

points : le péché de porter un habit d'homme, et le refus de se soumettre à l'Église. Ce fut une chose singulière que son obstination à ne point porter l'habit de son sexe. Sans doute, les vêtements qu'elle conservait pouvaient mieux garantir sa pudeur des outrages de ses gardiens ; mais elle ne disait point ce motif. C'était toujours l'ordre de ses voix qu'elle alléguait ; il semblait que sa volonté ne fût pas libre sur cet article et qu'elle eût quelque devoir prescrit par la volonté divine. Quant à la soumission à l'Église, c'était un piége où la faisait tomber la malice de son juge. On lui avait fait une distinction savante et subtile de l'église triomphante dans le ciel et l'église militante sur la terre. Elle se persuadait que se soumettre à l'Église, c'était reconnaître le tribunal, qu'elle voyait composé de ses ennemis, et où elle demandait toujours qu'il y eût des gens de son parti.

Après ses premiers interrogatoires, le promoteur dressa les articles sur lesquels il faisait porter l'accusation; car tout jusqu'alors n'avait été qu'une instruction préparatoire. Les interrogateurs recommencèrent alors devant un plus grand nombre d'assesseurs; il y en avait trente ou quarante, mais non plus cent. Presque tous ne cherchaient qu'à se dérober à ce cruel office, et les menaces des Anglais en avaient fait partir plusieurs.

Cependant maître de la Fontaine, commissaire examinateur, et deux autres assesseurs, émus de pitié et de justice, ne purent endurer qu'on trompât ainsi Jeanne sur le chapitre de la soumission à l'Église. Ils allèrent la voir et tâchèrent de lui expliquer que l'Église militante, c'était le pape et les saints conciles; qu'ainsi elle ne risquait rien à s'y soumettre. Un d'entre eux eut même le courage de lui dire en plein

interrogatoire de se soumettre au concile
de Bâle, qui pour lors était assemblé.
« Qu'est-ce, dit-elle, qu'un concile géné-
« ral? — C'est une congrégation de l'Église
« universelle, ajouta frère Isambard, et il
« s'y trouve autant de docteurs de votre
« parti que du parti des Anglais. — Oh! en
« ce cas je m'y soumets! s'écria-t-elle. —
« Taisez-vous donc, de par le diable, inter-
« rompit l'évêque, et il défendit au notaire
« d'écrire cette réponse : Hélas! vous écri-
« vez ce qui est contre moi, et vous ne
« voulez pas écrire ce qui est pour, dit la
« pauvre fille. »

Frère Isambard n'en fut pas quitte pour
la colère de l'évêque. Le comte de Warwick
l'accabla ensuite d'injures et de menaces.
« Pourquoi as-tu ce matin soufflé cette mé-
« chante? lui dit-il, par le morbleu, vilain,
« si je m'aperçois que tu veuilles encore
« l'avertir pour la sauver, je te ferai jeter à

« la Seine. » Le commissaire examinateur et l'autre assesseur se prirent tellement de crainte, qu'ils s'en allèrent de la ville; il fut défendu que personne, hors l'évêque, pût entrer dans la prison.

Les interrogatoires terminés, on rédigea en douze articles latins la substance des réponses de l'accusée, et comme un des assesseurs remarquait que l'on en rapportait le sens inexactement, l'évêque, sans plus conférer avec personne, envoya ces douze articles mensongers, comme mémoire à consulter, sans nommer l'accusée, à l'université de Paris, au chapitre de Rouen, aux évêques de Lizieux, d'Avranches et de Coutances, et à plus de cinquante docteurs, la plupart assesseurs dans le procès. Les juges voulaient ainsi, selon la forme et la coutume, être éclairés sur les points de doctrine et les faits qui concernaient la foi catholique.

Tous les avis furent contraires à l'accusée. Sans parler du mauvais vouloir de ceux qui étaient consultés, ils ne pouvaient guère répondre d'autre sorte au faux exposé qu'on avait mis sous leurs yeux. Tous pensèrent que l'accusée sur laquelle on les consultait avait cru légèrement ou orgueilleusement à des apparitions et révélations qui venaient sans doute du malin esprit; qu'elle blasphémait Dieu en lui imputant l'ordre de porter l'habit d'homme, et qu'elle était hérétique en refusant de se soumettre à l'Église.

Pendant ce temps les juges, sans attendre les réponses, faisaient à Jeanne des monitions; car un tribunal ecclésiastique n'était jamais censé demander que la soumission du coupable. En ce moment elle tomba fort malade, ce qui mit les Anglais en grande inquiétude. « Pour rien au « monde, disait le comte de Warwick, le

« roi ne voudrait qu'elle mourût de mort
« naturelle ; il l'a achetée si cher, qu'il en-
« tend qu'elle soit brûlée. Qu'on la gué-
« risse au plus vite. »

Lorsqu'elle ne fut plus malade, on reprit
les monitions ; personne n'éclaircissait plus,
à son esprit simple et ignorant, tout le ver-
biage qu'on lui tenait sur la soumission de
l'Église ; aussi paraissait-elle toujours s'en
rapporter seulement à ce qu'elle tenait elle-
même de Dieu par ses voix ; cependant elle
parlait sans cesse avec respect de l'autorité
du pape. Son obstination à ne pas reprendre
les habits de femme n'était pas moindre.

Enfin la sentence fut portée. C'était,
comme les jugements ecclésiastiques, une
déclaration faite à l'accusée, que pour tels
et tels motifs elle était retranchée de l'É-
glise, comme un membre infect, et livrée à
la justice séculaire. On ajoutait, toujours
pour la forme, que les laïques seraient en-

gagés à modérer la peine en ce qui touche la mort ou la mutilation.

Mais l'on voulut avoir d'elle, avant son supplice, une sorte d'aveu public de la justice de sa condamnation. Pour lors on commença à lui faire donner le conseil de se soumettre avec la promesse d'être traitée doucement, et de passer des mains des Anglais aux mains de l'Église. Le 24 mai 1431 elle fut amenée au cimetière de Saint-Ouen, là, deux grands échafauds étaient dressés ; sur l'un étaient le cardinal de Winchester, l'évêque de Beauvais, les évêques de Noyon et de Boulogne, et une partie des assesseurs.

Jeanne fut conduite sur l'autre échafaud ; sur celui-ci se trouvait le docteur qui devait prêcher, les notaires du procès, les appariteurs qui avaient été chargés de sa garde durant les interrogatoires, maître l'Oiseleur et un autre assesseur qui l'avait confessée. Tout auprès était le bourreau avec sa charrette, disposée pour recevoir la Pucelle et la conduire au bûcher préparé sur la grande place. Une foule immense de Français et d'Anglais remplissait le cimetière. Le prédicateur parla longuement : « O noble maison de France, dit-il entre « autres choses, qui toujours jusqu'à pré- « sent t'étais gardée de choses monstrueu- « ses, et qui as toujours gardé la foi, as-tu « été assez abusée pour adhérer à une hé- « rétique et une schismatique ! c'est grande « pitié ! Ah ! France, tu es bien abusée, toi « qui as toujours été la chambre très-chré- « tienne ; et Charles, qui te dis son roi et « son gouverneur, tu as adhéré, comme un « hérétique que tu es, aux paroles et aux « faits d'une femme diffamée et pleine de « déshonneur. »

Sur ce elle l'interrompit : « Parlez de « moi, mais non pas du roi ; il est bon

« chrétien, et j'ose bien dire et jurer, sous
« peine de la vie, que c'est le plus noble
« d'entre les chrétiens qui aime le mieux
« la foi et l'Église. Il n'est point tel que
« vous dites. » — « Faites la taire, » s'é-
cria l'évêque de Beauvais.

En finissant le sermon, le prédicateur lut
à Jeanne une formule d'abjuration, et lui
dit de la signer. « Qu'est-ce que abjura-
« tion? » dit-elle. On lui expliqua que si
elle refusait les articles qu'on lui présentait, elle serait brûlée et qu'il fallait se soumettre à l'Église universelle. « Eh bien
« j'abjurerai, si l'Église universelle le veut
« ainsi. » Mais ce n'était pas les soumis-
sions à l'Église ni au pape qu'on voulait
avoir d'elle, c'était l'aveu que ses juges
avaient bien jugé. Alors on redoubla de
menaces, d'instances, de promesses. On
tenta tous les moyens de la troubler. Elle
fut longtemps ferme et invariable. « Tout

« ce que j'ai fait, j'ai bien fait de le faire, »
disait-elle.

Cette scène se prolongeait. Pour lors les
Anglais commencèrent à s'impatienter de
ce qui leur semblait de la miséricorde. Des
cris s'élevaient contre l'évêque de Beauvais,
on l'appelait traître. « Vous en avez menti,
« disait-elle, mais c'est le devoir d'un évê-
« que de chercher le salut de l'âme et du
« corps de l'accusée. » Le cardinal de Winchester imposa silence à ses gens.

Enfin l'on triompha de la résistance de
Jeanne. « Je veux, dit-elle, tout ce que l'É-
« glise voudra, et puisque les gens d'Église
« disent que mes visions ne sont pas croya-
« bles, je ne les soutiendrai pas. » — « Signe
« donc, ou tu vas périr par le feu, » lui dit
le prédicateur. Dans cet intervalle, un secré-
taire du roi d'Angleterre, qui se trouvait
près de l'échafaud de Jeanne, avait mis à
la place des articles qu'on lui avait lus et

qu'on avait eu tant de peine à lui faire approuver, un autre papier contenant une longue abjuration, où elle avouait que tout ce qu'elle avait dit était mensonger, et priait qu'on lui pardonnât ses crimes. On prit sa main et on lui fit mettre au bas de ce papier une croix pour signature. Le trouble se mit aussitôt parmi la foule, les Français se réjouissant de la voir sauvée, les Anglais furieux et jetant des pierres.

L'évêque de Beauvais et l'inquisiteur prononcèrent alors une autre sentence qu'ils avaient apportée, et condamnèrent Jeanne à passer le reste de ses jours en prison au pain de douleur et à l'eau d'angoisse. Dès l'instant même on manqua aux promesses qu'on venait de lui faire. Elle croyait être remise au clergé, et ne plus être aux mains des Anglais ; quoi qu'elle pût dire, on la ramena à la Tour.

Cependant les Anglais étaient en grande

colère ; ils tiraient leurs épées, et mena-
çaient l'évêque et les assesseurs, criant
qu'ils avaient mal gagné l'argent du roi. Le
comte de Warwick lui-même se plaignit à
l'évêque : « L'affaire va mal, puisque Jeanne
« échappe, dit-il. — N'ayez pas de souci, dit
« un des assesseurs, nous la retrouverons
« bien. »

Ce fût en effet à quoi on s'occupa sans
tarder. Elle avait repris l'habit de femme.
On laissa son habit d'homme dans la même
chambre. En même temps les Anglais qui
la gardaient, et même un seigneur d'Angleterre, se portaient contre elle à d'indignes
violences. Elle était plus étroitement enchaînée qu'auparavant, et traitée avec plus
de dureté. On n'omettait rien pour la jeter
dans le désespoir. Enfin voyant qu'on ne
pouvait réussir à lui faire violer la promesse
qu'elle avait faite de garder les vêtements
de son sexe, on les lui enleva pendant son

sommeil, et on ne lui laissa que l'habit
d'homme. « Messieurs, dit-elle en s'éveil-
« lant, vous savez que cela m'est défendu ;
« je ne veux point prendre cet habit. » Mais
pourtant il fallut se lever et se vêtir. Alors
ce fut une joie extrême parmi les Anglais.
« Elle est prise ! » s'écria le comte de Warwick. On fit aussitôt avertir l'évêque ; les
assesseurs qui arrivèrent un peu avant lui,
furent menacés et repoussés par les Anglais
qui remplissaient la cour du château.

Sans vouloir écouter ses excuses, sans
laisser mettre dans le procès-verbal les outrages qu'on lui avait faits et la nécessité
où elle avait été placée de changer de vêtements, sans s'arrêter à ses justes plaintes,
l'évêque lui dit qu'il voyait bien qu'elle
tenait encore à ses illusions. « Avez-vous
« encore entendu vos voix ? ajouta-t-il. — Il
« est vrai, répondit-elle. — Qu'ont-elles dit ?
« poursuivit l'évêque. — Dieu m'a fait con-

« naître, continua-t-elle, que c'était grand'-
« pitié d'avoir signé votre abjuration pour
« sauver ma vie. Les deux saintes m'avaient
« bien dit sur l'échafaud de répondre har-
« diment à ce faux prédicateur, qui m'ac-
« cusait de ce que je n'ai jamais fait ; elles
« m'ont reproché ma faute. » Alors elle
affirma plus que jamais qu'elle croyait que
ses voix venaient de Dieu ; qu'elle n'avait
nullement compris ce que c'était qu'abjuration ; qu'elle n'avait signé que par crainte
du feu ; qu'elle aimait mieux mourir que
de rester enchaînée ; que la seule chose
qu'elle pût faire, c'était de porter l'habit de
femme. « Du reste donnez-moi une prison
« douce ; je serai bonne et ferai tout ce que
« voudra l'Église. »

C'en était assez, elle était perdue. « Fa-
« rewell ! » cria l'évêque aux Anglais et au
comte de Warwick, qui l'attendaient au
sortir de la prison.

Les juges résolurent donc de la remettre à la justice séculière, c'est-à-dire de l'envoyer au supplice. Quand cette dure et cruelle mort fut annoncée à la pauvre fille, elle se prit à pleurer et à s'arracher les cheveux. Ses voix l'avaient souvent avertie qu'elle périrait ; souvent aussi elle avait cru que leurs paroles lui promettaient délivrance ; mais aujourd'hui elle ne songeait qu'à cet horrible supplice. « Hélas ! disait-« elle, réduire en cendres mon corps qui « est pur et n'a rien de corrompu. J'aime-« rais sept fois mieux qu'on me coupât la « tête. Si, comme je le demandais, j'eusse « été gardée par les gens d'église, et non « par mes ennemis, il ne me serait pas si « cruellement advenu. Ah ! j'en appelle à « Dieu, le grand juge, des cruautés et des « injustices qu'on me fait. »

Lorsqu'elle vit Pierre Cauchon : « Évêque, « dit-elle, je meurs par vous. » Puis à un

des assesseurs : « Ah ! maître Pierre, où
« serai-je aujourd'hui ? — N'avez-vous pas
« bonne espérance en Dieu ? répondit-il.
« — Oui, reprit-elle, Dieu aidant, j'espère
« bien aller en paradis. » Par une singulière
contradiction avec la sentence, on lui per-
mit de communier. Le 30 mai, sept jours
après son abjuration, elle monta dans la
charrette du bourreau. Son confesseur,
frère Martin l'Advenu, et frère Isambart,
qui avaient plus d'une fois réclamé justice
dans le procès, étaient près d'elle. Huit
cents Anglais armés de haches, de lances
et d'épées, marchaient à l'entour.

Dans le chemin elle priait si dévotement,
et se lamentait avec tant de douceur, qu'aucun Français ne pouvait retenir ses larmes.
Quelques-uns des assesseurs n'eurent pas
la force de la suivre jusqu'à l'échafaud.
Tout à coup un prêtre perça la foule, arriva
jusqu'à la charrette et y monta. C'était

maître Nicolas l'Oiseleur, qui, le cœur con-
trit, venait demander à Jeanne pardon de
sa perfidie. Les Anglais l'entendant et furieux de son repentir, voulaient le tuer; le
comte de Warwick eut grand'peine à le
sauver.

Arrivée à la place du supplice : « Ah !
« Rouen, dit-elle, Rouen, est-ce ici que je
« dois mourir? »

Le cardinal de Winchester et plusieurs
prélats français étaient placés sur un échafaud, les juges ecclésiastiques et séculiers
sur un autre. Jeanne fut amenée devant
eux. On lui fit d'abord un sermon pour
lui reprocher sa rechute ; elle l'entendit avec patience et grand calme. « Jeanne,
« va en paix, l'Église ne peut te dé-
« fendre, et te livre aux mains sécu-
« lières. » Tels furent les derniers mots du
prédicateur.

Alors elle se mit à genoux et se recommanda à Dieu, à la Sainte Vierge et aux saints, surtout à saint Michel, sainte Catherine et sainte Marguerite ; elle laissait voir tant de ferveur que chacun pleurait, même le cardinal de Winchester et plusieurs Anglais.

L'évêque de Beauvais donna lecture de la sentence qui la déclarait relapse et l'abandonnait au bras séculier. Ainsi repoussée par l'Église, elle demanda la croix. Un Anglais en fit une de deux bâtons et la lui donna. Elle la prit dévotement et la baisa ; mais elle désira avoir celle de la paroisse ; on alla la quérir, elle la serrait étroitement contre son cœur en continuant ses prières.

Cependant les gens de guerre des Anglais, et même quelques capitaines, commencèrent à se lasser de tant de délais : « Allons donc, prêtre, voulez-vous nous « faire dîner ici? disaient les uns; donnez-« la-nous, disaient les autres, ce sera bien-

« tôt fini. — Fais ton office, disaient-ils au
« bourreau. »

Sans autre commandement et avant la
sentence du juge séculier, le bourreau la
saisit. Elle embrassa la croix et marcha
vers le bûcher. Des hommes d'armes anglais
l'y entraînaient avec fureur. Jean de Mailly,
évêque de Noyon, et quelques autres du
clergé de France, ne pouvant endurer un
si lamentable spectacle, descendirent de
leur échafaud et se retirèrent.

Le bûcher était dressé sur un massif de
plâtre. Lorsqu'on y fit monter Jeanne, on
plaça sur sa tête une mitre où étaient écrits
les mots hérétique, relapse, apostate, ido-
lâtre. Frère Martin l'Advenu, son confesseur, était monté sur le bûcher avec elle;
il y était encore, que le bourreau alluma le
feu! « Jésus, » s'écria Jeanne, et elle fit
descendre le bon prêtre. « Tenez-vous en
« bas, dit-elle, levez la croix devant moi,

« que je la voie en mourant, et dites-moi
« de pieuses paroles jusqu'à la fin. »

L'évêque s'approcha, elle lui répéta : « Je
« meurs par vous. » Et elle assura encore
que les voix venaient de Dieu, qu'elle ne
croyait pas avoir été trompée, et qu'elle
n'avait rien fait que par ordre de Dieu.
« Ah! Rouen, ajoutait-elle, j'ai grand'peur
« que tu ne souffres de ma mort. » Ainsi,
protestant de son innocence, et se recom-
mandant au ciel, on l'entendit encore prier
à travers la flamme. Le dernier mot qu'on
put distinguer fut : « Jésus! »

Il y avait peu d'hommes assez durs pour
retenir leurs larmes; tous les Anglais, sauf
quelques gens de guerre, qui continuaient
à rire, étaient attendris. « C'est une belle
« fin, disaient quelques-uns, et je me tiens
« heureux de l'avoir vue, car elle fut bonne
« femme. » Les Français murmuraient que
cette mort était cruelle et injuste. « Elle

« meurt martyre pour son vrai Seigneur.
« — Ah ! nous sommes perdus, on a brûlé
« une sainte. — Plût à Dieu que mon âme
« fût où est la sienne ! » Tels étaient les
discours qu'on tenait. Un autre avait vu le
nom de Jésus écrit en lettres de flammes
au-dessus du bûcher.

Mais ce qui fut plus merveilleux, c'est
ce qui advint à un homme d'armes anglais. Il avait juré de porter un fagot de sa
propre main au bûcher ; quand il s'approcha pour faire ce qu'il avait dit, entendant
la voix étouffée de Jeanne, qui criait :
« Jésus ! » le cœur lui manqua, et on le
porta en défaillance à la prochaine taverne.
Dès le soir il alla trouver frère Isambart,
se confessa à lui, dit qu'il se repentait d'a-
voir haï tant la Pucelle, qu'il la tenait
pour sainte femme, et qu'il avait vu son
âme s'envoler des flammes vers le ciel,
sous la forme d'une blanche colombe. Le

bourreau vint aussi se confesser le jour même, craignant de ne jamais obtenir le pardon de Dieu.

Ce qui faisait encore crier au miracle, c'est que lorsque Jeanne fut étouffée, ce bourreau avait écarté le feu, pour montrer au peuple son corps dépouillé, et qu'on avait cru voir que la flamme l'avait laissé presque entier. Pour qu'il n'en restât plus de vestiges, le cardinal de Winchester ordonna que les cendres de la malheureuse Jeanne fussent jetées dans la Seine.

Cependant le gouvernement des Anglais n'avait point obtenu, comme il le désirait tant, l'aveu que toutes les apparitions de Jeanne et les prédictions de ses voix étaient autant de mensonges. Il pouvait voir, par le bruit commun, qu'on tenait la sentence pour injuste, et rendue en haine de la Pucelle et du roi de France. D'autre part, l'évêque de Beauvais était inquiet de ce qui pourrait lui arriver pour avoir conduit une telle procédure ; il voulait même avoir des lettres de garantie du roi d'Angleterre, qui s'engagea à le soutenir et à le défendre devant le concile et le pape, s'il en était besoin.

Huit jours après la mort de Jeanne, on imagina donc de commencer une information, afin de prouver par témoins qu'elle avait abjuré et reconnu la fausseté de ses visions; on trouva encore, pour être garants de ce récit, maître l'Oiseleur et quelques autres. Les notaires du procès se refusèrent à signer. Personne ne sembla croire à ces témoignages tardifs. Il était à croire que si Jeanne s'était ainsi démentie, on n'eût pas manqué à en constater de son vivant la certitude juridique.

Néanmoins, le roi d'Angleterre écrivit à tous les princes de la chrétienté une lettre pour leur exposer comment il avait été pro-

cédé contre Jeanne, et ce qui lui avait été
imputé ; il assurait qu'elle avait reconnu à
sa mort que des esprits mauvais et mensongers l'avaient moquée et déçue. Le
même récit fut envoyé aux évêques, aux
églises, aux principaux seigneurs et aux
bonnes villes du royaume. Il n'en demeura
pas moins établi dans les esprits, en France
et dans les pays chrétiens, que les Anglais
avaient mis cruellement à mort cette pauvre
fille par une basse vengeance, par colère de
leurs défaites, et en mettant leur volonté à la
place de la justice. Les Bourguignons eux-
mêmes ne partageaient en rien le ressenti-
ment des Anglais, et chez eux on parla
toujours de la Pucelle comme d'une fille
merveilleuse, vaillante à la guerre, et qui
ne méritait en rien cette horrible sentence.

Après la mort de Jeanne d'Arc, le roi ne
mit pas en oubli les glorieux et miraculeux services qu'elle avait rendus à la
France. De nouveaux actes confirmèrent
l'anoblissement de sa famille ; Jean d'Arc,
son frère, qui l'avait accompagnée dans ses
exploits de guerre, fut nommé prévôt de
la ville de Vaucouleurs, plus tard bailli de
Vermandois et capitaine de Chartres ; des
revenus lui furent assignés, les armoiries
qui avaient été octroyées à Jeanne lui furent confirmées ; c'était un écu d'azur à

deux fleurs de lis d'or, et une épée d'argent la pointe en haut, à la garde d'or. La famille prit désormais le nom du Lis, et pendant plusieurs générations elle occupa un rang honorable dans l'armée ou la magistrature.

Ce fut seulement en 1449 que le roi, à l'époque où il conquérait la Normandie sur les Anglais et venait d'entrer dans la ville de Rouen, eut la pensée de faire annuler la sentence que les Anglais avaient fait rendre contre Jehanne la Pucelle, qu'ils avaient fait mourir si cruellement contre toute raison et justice. Il chargea donc un docteur en théologie, qui était un de ses conseillers, de faire une information et d'entendre des témoins sur le fait de cet inique procès.

Le procès avait été poursuivi par un tribunal ecclésiastique. La sentence rendue contre Jeanne portait qu'elle était retranchée de l'Église pour avoir refusé de se soumettre à ses prescriptions et s'être obstinée à porter un habillement d'homme.

C'était donc par-devant l'autorité suprême de l'Église que l'appel devait être porté. Le pape autorisa la révision ; l'archevêque de Reims, les évêques de Paris et de Coutances, et Jean Bréhal, de l'ordre des frères Prêcheurs, professeur de théologie, inquisiteur des erreurs et de l'hérésie, furent délégués comme juges par le souverain Pontife.

Les informations et les enquêtes durèrent longtemps, elles furent faites au pays de Jeanne et dans presque toutes les villes où la Pucelle avait séjourné ou combattu. Les témoignages qui furent recueillis, les récits que firent devant les commissaires interrogateurs, le comte de Dunois et plusieurs des compagnons d'armes de Jeanne, forment l'histoire la plus complète de sa divine mission.

L'interrogatoire des ecclésiastiques qui avaient assisté à sa condamnation, constata l'indignité et les manœuvres coupables des juges qui l'avaient condamnée.

La sentence fut prononcée à Rouen le 11 juillet 1456; vingt-cinq ans après la mort de Jeanne.

Les pièces nombreuses de ce procès sont encore déposées à la Bibliothèque, elles ont fourni les plus intéressants détails de cette belle histoire, depuis elles ont été imprimées et publiées par la société de l'histoire de France, et elles établissent admirablement la pureté des mœurs de Jeanne, la noblesse de son caractère, la franchise de son enthousiasme et le courage surhumain qu'elle déploya dans un âge si tendre.

Dieu en l'élevant, d'une condition obscure, au rang des plus illustres capitaines de son siècle, a couronné une si belle vie par une mort plus admirable encore; il a permis qu'à l'exemple de notre divin Maître, Jeanne combattit, souffrit et mourut pour le salut de son pays, il a permis que quelques moments de souffrance fussent couronnés par une palme immortelle et une gloire que la suite des siècles n'a fait que confirmer.

Depuis plus de quatre siècles que cette condamnation inique a été prononcée, la mémoire de cette illustre guerrière n'a cessé de grandir. N'est-ce pas la preuve éclatante de la grandeur de sa mission divine.

La ville d'Orléans avait, dès l'instant de sa délivrance, témoigné à Jeanne un enthousiasme de reconnaissance qui s'est perpétué de siècle en siècle.

La procession qui est encore célébrée chaque année le 8 mai, anniversaire de la levée du siége, fut instituée au moment même.

Pendant plusieurs années un service funèbre fut aussi célébré à l'anniversaire de sa mort.

On ne sait pas précisément à quelle date du quinzième siècle, un monument fut élevé sur le pont d'Orléans, en commémoration de la délivrance de la ville et en l'honneur de Jeanne d'Arc, aux frais des dames et damoiselles d'Orléans; c'était une sorte *d'ex voto*, la vierge était debout au pied de la croix avec cette inscription : *Stabat mater dolorosa juxta crucem lacrymosa.* A droite était une statue du roi Charles VII et à gauche la statue de Jeanne d'Arc, revêtue d'une armure, tenant en main son étendard, la tête découverte et les cheveux pendant sur ses épaules.

En 1567, les calvinistes, maîtres de la ville d'Orléans, détruisirent ce monument. Il fut rétabli en 1571, mais le groupe fut disposé autrement. La sainte Vierge était assise au pied de la croix, le corps du Sauveur étendu sur ses genoux.

En 1748, le monument fut enlevé de dessus le pont qui menaçait ruine, et déposé dans un cellier de l'hôtel de ville; il y fut oublié pendant seize ans; en 1771, la municipalité d'Orléans le fit rétablir dans la rue Royale.

Le 28 août le conseil de la commune d'Orléans, délibérant sur l'exécution de la loi du 12 août, qui avait ordonné la conversion de tous les monuments de bronze en canons, ordonna la destruction du monument; c'est ainsi que les statues de Henri IV, de Louis XIII, de Louis XIV et de Louis XV avaient été renversées et brisées à Paris.

En 1802, M. Lenoir, conservateur du musée des Petits-Augustins, où il avait recueilli les débris des tombeaux détruits par les révolutionnaires, avait commandé une statue de Jeanne d'Arc à M. Goix, sculp-

teur. Le modèle figure à l'exposition des tableaux et sculptures des artistes vivants ; elle y fut fort remarquée, plutôt à cause de Jeanne d'Arc que comme œuvre d'art. Le conseil municipal sollicita, du premier consul, l'autorisation d'ouvrir une souscription pour élever un monument à Jeanne d'Arc. Le premier consul répondit : « La délibéra-
« tion du conseil municipal m'est fort agréa-
« ble. L'illustre Jeanne d'Arc a prouvé qu'il
« n'est point de miracle que le génie fran-
« çais ne puisse opérer lorsque l'indépen-
« dance nationale est menacée. Unie, la na-
« tion française n'a jamais été vaincue ;
« mais nos voisins abusant de la franchise
« et de la loyauté de notre caractère, se-
« mèrent parmi nous ces dissensions d'où
« naquirent les calamités de l'époque où
« vécut l'héroïne française, et tous les désas-
« tres que rappelle notre histoire. »

La statue fut fondue en bronze et érigée

à Orléans sur la place du Martroy, elle ne
tarda pas à être fort critiquée ; on disait
qu'elle n'avait nullement le caractère de
pieuse simplicité de Jeanne d'Arc, qu'elle
semblait une héroïne de mélodrame.

Longtemps après, la princesse Marie d'Orléans comprit bien mieux ce que devait être
une statue de Jeanne d'Arc ; cette œuvre,
dont l'original est à la galerie de Versailles,
est devenue pour ainsi dire populaire. Le
souvenir de cette princesse si bien douée
pour les arts, enlevée si jeune à sa royale
famille, s'attache à cette statue, reproduite
dans toutes les dimensions et qu'on trouve
partout. C'est la vraie Jeanne d'Arc, la
simple bergère qui met toute sa confiance
en Dieu, et qui semble prier en serrant
dans ses mains la croix de son épée. C'est
l'héroïne qui bravait la mort dans les combats, et qui n'a jamais tué personne. La
princesse Marie a laissé une autre statue,

ébauche de petite dimension ; Jeanne est à cheval et semble émue et troublée en voyant un blessé qui expire sur le champ de bataille.

Une copie de la statue qui est à Versailles a été placée à l'hôtel de ville d'Orléans.

Il y a peu d'années qu'une souscription fut ouverte pour élever à Orléans un nouveau monument à Jeanne d'Arc, tant on était mal satisfait de la statue érigée en 1804.

La nouvelle statue, œuvre de M. Foyatier, représente Jeanne d'Arc à cheval, mais non point en action de combat ; elle a un caractère noble et calme, comme si elle faisait son entrée dans la ville délivrée.

Il y a à peine un an, le 8 mai 1857, qu'une amende honorable, rendue à la mémoire de cette illustre guerrière, fut proclamée, du haut de la chaire sacrée, dans cette ville même, témoin de sa gloire et de ses premiers exploits, par la bouche d'un éloquent prélat anglais, Monseigneur Gillis, vicaire apostolique d'Édimbourg, qui n'a pas craint de déplorer hautement l'aveugle barbarie et l'inutile cruauté dont sa nation se rendit alors coupable.

Mais c'est surtout l'année précédente, 8 mai 1856, anniversaire de la délivrance d'Orléans, qu'à l'occasion de l'inauguration de la statue de M. Foyatier, la mémoire de la Pucelle fut plus solennellement glorifiée et le panégyrique de Jeanne, prononcé par Mgr l'évêque d'Orléans, n'est pas le moindre monument élevé à la gloire.

Nous ne croyons pas pouvoir mieux terminer ces récits qu'en mettant sous les yeux de nos lecteurs une courte description des fêtes qui eurent lieu à cette occasion et quelques-uns des plus beaux passages du discours de Mgr Dupanloup.

INAUGURATION

DE

LA STATUE DE JEANNE D'ARC

A ORLÉANS.

———

Les fêtes qui viennent d'avoir lieu pour l'inauguration de la statue de Jeanne d'Arc à Orléans se sont prolongées pendant quatre jours, et elles ont été célébrées avec une pompe et un enthousiasme extraordinaires.

C'est le dimanche 6 mai que la série des fêtes s'est ouverte par un concours entre les orphéons et les meilleures Sociétés chorales de France. Plus de mille orphéonistes, venus de Lille, d'Angoulême, de Blois, de Versailles, de Beaugency, s'étaient rendus à l'appel qui leur avait été fait.

Le soir, un festival a réuni plus de 2,000 auditeurs dans la vaste salle de la Halle, où des artistes de premier ordre ont exécuté des morceaux inspirés par la circonstance. C'est Jeanne d'Arc qui occupait toutes les pensées; la musique devait aussi lui payer son tribut. Une symphonie avec chœur, en trois parties, a été exécutée par plus de deux cents choristes et par Jules Lefort, Alexis Dupont, et Mlle Montigny pour le chant. Cette symphonie est une œuvre distinguée, où l'auteur, sans mettre directement la Pucelle en scène, a cependant rendu de la façon la plus heureuse tous les moments de sa merveilleuse carrière, depuis les années si calmes de son enfance jusqu'au jour glorieux de sa victoire. Une autre cantate, également composée par un Orléanais, a été chantée avec le même succès par Alexis Dupont et Mlle Mathé.

Le lendemain lundi, la fête a continué.

Dès le matin le beffroi de la vieille tour de
la ville a sonné de quart d'heure en quart
d'heure, ainsi qu'il l'avait fait en 1429, durant l'attaque et l'assaut du fort des Tourelles, où Jeanne d'Arc fut blessée. Cet
usage a été constamment maintenu depuis
quatre cents ans. La voix d'airain ne cesse
de faire entendre son gémissement qu'au
retour de la procession, qui se fait au bruit
des joyeux carillons de toutes les cloches
de la ville.

Dans l'après-midi, un salut solennel a
eu lieu à la cathédrale. Pendant la cérémonie, Alexis Dupont a chanté différents
morceaux religieux, accompagnés sur l'or-
gue par M. Baptiste, organiste de Saint-
Eustache.

Mais ce qui a produit l'effet le plus saisissant dans cette journée, c'est la cavalcade historique. Orléans n'avait jamais vu
de spectacle pareil; les costumes, les armes,

les bannières, tout était exactement imité du quinzième siècle. Dunois était représenté par M. le vicomte de Morogues, fils de l'ancien pair de France ; Jean de Brosses, maréchal de Sainte-Sévère, par un de ses descendants, M. de Maussac ; Jean d'Aulon, l'écuyer de la Pucelle, par M. de Vathaire ; Lahire, par M. le vicomte de Limiers ; le maréchal de La Fayette, par M. de Fressinet ; Olivier de La Saussaye, par un de ses descendants directs, M. de La Saussaye, fils du recteur de l'Académie de Poitiers.

La journée de mardi a été la principale et la mieux remplie de la fête. Elle s'est ouverte par une imposante cérémonie religieuse à la cathédrale, où une messe solennelle d'actions de grâces a été célébrée. Dès sept heures du matin, la vaste basilique était envahie par une foule immense. La façade de l'édifice, chargée d'oriflammes, d'écussons et de tentures, montrait au-dessus du portail principal l'écu de Jeanne d'Arc : l'épée en pal, supportant la couronne de France, accostée de deux fleurs de lis, avec la légende royale de Charles VII, *consiliis firmata Dei*. A l'intérieur, les piliers, ornés de banderoles et de bannières aux armes des principales villes qui envoyèrent des secours à Orléans pendant le siége, offraient un coup d'œil magnifique. Toute l'abside était tendue de brillantes étoffes rouges étoilées d'or. Sur un socle tendu de velours bleu, en face de la chaire, flottait l'étendard de Jeanne d'Arc. Cet étendard, exactement semblable de couleur, de forme et de dessin à celui que portait la Pucelle, a été acheté avec les dons des dames orléanaises, et il a coûté 2,500 fr. Il a été confectionné à Lyon, dans une des meilleures fabriques, et brodé par un habile artiste. Il est en riche damas blanc,

semé de lis d'or d'un côté, et représentant
de l'autre le Christ sur un trône étin-
celant, avec deux anges agenouillés qui
lui présentent un lis. Au-dessous on lit
ces mots : *Jésus Maria*, et l'on voit un arc-
en-ciel, signe de la paix. La hampe, gar-
nie de velours bleu, est également fleurde-
lisée.

D'autres bannières, notamment celles de
la ville d'Orléans, fabriquées également à
Lyon, étaient suspendues aux piliers de
la nef.

C'est le curé de Domrémy, chanoine-né
d'Orléans, qui a officié en grande pompe.
Dans l'enceinte se pressaient une foule de
fonctionnaires et de hauts personnages.

A la fin de l'office, les rangs se sont ou-
verts, et M. l'évêque d'Orléans est monté
dans la chaire pour prononcer le panégyrique de Jeanne d'Arc. L'intérêt si vif et si
pathétique du sujet a noblement inspiré

l'illustre prélat. Nous regrettons de ne pouvoir donner en entier le discours de M. Dupanloup; en voici du moins la première et la dernière partie :

« Super hoc filiis vestris narrate, et filii vestri suis, et filii eorum generationi alterœ. »

« Que les pères le racontent à leurs fils pour les instruire, que les fils à leur tour le racontent à leurs plus jeunes enfants, et que ceux-ci le redisent encore à ceux qui naîtront d'eux de génération en génération. »

« Vous avez été fidèles, Messieurs, à cette recommandation sacrée. Grâces en soient rendues à Dieu, la sainte religion des aïeux, le culte des immortels souvenirs n'a point péri parmi vous, et depuis quatre cent vingt-six ans vous apprenez à vos fils à prononcer avec respect le nom de la fille généreuse qui sauva vos pères !

« Que dis-je, avec respect ? c'est l'enthousiasme, c'est la reconnaissance et l'amour, c'est la compassion qui sont aujourd'hui dans tous les cœurs pour cette pieuse et glorieuse mémoire !

« Sous la noble inspiration de vos premiers magistrats (ils ne recevront de moi aucune autre louange en ce jour ; leurs œuvres suffisent à les louer, et disent assez haut qu'ils se sont montrés admirablement dignes de leur grande et glorieuse mission) ; sous cette inspiration donc, vous avez voulu faire revivre à nos yeux tous les souvenirs, toutes les figures, tous les noms, toutes les gloires, tous les panonceaux du temps passé, et la glorieuse bannière de Jeanne d'Arc brille aujourd'hui à nos regards plus resplendissante que jamais sous les voûtes de l'antique basilique.

« Soyez-en bénis ! C'est une grande chose que vous faites là, et la France, la France entière, dont Orléans fut le cœur, le dernier appui et comme le dernier battement au jour de la grande détresse nationale, la France applaudit à vos fêtes, y envoie d'illustres représentants et vous regarde avec joie.

« Et enfin vous avez voulu que votre évêque prêtât sa faible voix à votre solennité, et il n'a pu se refuser à vous raconter ce que Dieu a fait de si grand pour vous; car il faut que les pères le redisent à leurs fils de génération en génération pour les instruire, et je suis monté dans cette chaire pour vous le raconter simplement.

« C'est un simple récit que je vous ai promis et que je viens vous faire, tel que je l'ai lu, pour vous le redire, dans les vieux historiens français et étrangers. Car, vous le savez, Messieurs, nulle histoire n'eut jamais des témoignages et une authenticité pareils.

« Ce récit, il est vrai, dans sa simplicité même révèle les plus grandes choses qui furent jamais et aussi les plus touchantes,

« J'ai beau chercher dans mes souvenirs et dans mes pensées, je ne trouve rien de comparable, rien d'analogue dans les annales d'aucun peuple.

« Orléans a eu deux fois au moins dans sa vie cette gloire d'être la dernière et heureuse fortune de la France, c'est la ville des glorieuses délivrances. Et ces deux fois ce fut un évêque et une vierge, saint Aignan et Jeanne d'Arc, qui l'ont sauvé tour à tour des hommes du Nord.

« Et cependant ne craignez pas, Messieurs, les délicatesses de mon glorieux sujet ; j'en dirai de suite et franchement ma pensée pour n'y plus revenir.

« Non, l'Angleterre aujourd'hui n'a rien à craindre de moi. C'est une grande et courageuse nation. Elle se glorifie avec raison, comme nous, de descendre en partie de ces races blondes qui se vantaient autrefois de ne rien craindre, sinon que le ciel ne tombât sur leur tête ou que l'Océan n'envahît leurs terres. Et pour dire simplement la vérité, Suffolk, Salisbury, Glacidas lui-même, comme Xaintrailles, Lahire et Dunois, étaient de rudes et vaillants hommes de guerre. Mais Dieu fut le plus fort, et Jeanne, sa fille choisie, les vainquit tous.

« Qui d'ailleurs n'a été vaincu sur la terre? Quant à nous, la fortune ou la Providence ne leur eût-elle donné contre nous la victoire qu'une fois, c'est notre honneur que sans céder ni nous rendre, même sur les plus funestes champs de bataille, nous n'ayons été écrasés que par de vaillants soldats.

« Les Anglais seraient encore nos ennemis aussi bien qu'ils sont nos alliés, que les descendants du prince Noir et de Talbot pourraient m'entendre ici et ne seraient point offensés; tout au plus sentiraient-ils peut-être à l'accent de ma voix que le vieux sang français n'a pas oublié de couler dans nos veines, comme il leur a sans doute été facile de s'en apercevoir sous les dures murailles de Sébastopol, aux rives de l'Alma et sur les coteaux d'Inkermann !

« Et quant au procès de Rouen, quelle nation n'a eu ses tristes journées et ses mauvais jugements?

« Et d'ailleurs est-ce que parmi les juges je ne rencontre pas un évêque, et ne suis-je pas le premier qui ait ici à baisser les yeux?

« Je dirai volontiers : Que celui qui est ici sans péché se lève et jette la première pierre à ses adversaires s'il en a.

« Pour moi, je n'en ai pas, et je m'élève plus haut.

« Jeanne d'Arc n'est plus de la terre : elle appartient à tout ce qui a un cœur noble en Angleterre comme en France, elle appartient à l'humanité tout entière.

« Grâces immortelles en soient rendues

au ciel! au-dessus des rivalités des peuples,
au-dessus de la politique, au-dessus de la
guerre, au-dessus des révolutions, il y a
une région supérieure et pure où se tiennent
les grandes âmes, où les grands sentiments,
les grandes vertus demeurent toujours à
l'aise.

« C'est là que nous trouverons Jeanne
d'Arc, c'est là que je vous convie tous, Messieurs, c'est là, Mesdames, que vous avez une
glorieuse place, c'est là que nous célébre-
rons la fête. . . . .

. . . .

« Nous marchons vers Rouen.

« La sagesse humaine, qui avait d'abord
outrageusement repoussé la parole inspirée
de Jeanne et ne l'avait suivie qu'avec hési-
tation quand elle appelait aux combats,
refusait maintenant de la laisser partir,
quoique Jeanne elle-même déclarât sa mission terminée. Cédant aux ordres du roi, à

tort ou à raison, elle consentit donc à rester et suivit l'armée.

« Mais ce fut avec grande tristesse... On vit toujours en elle la même bonté de cœur, la même vaillance indomptable, mais ce n'était plus la même joie !

« Les fossés de Paris la virent encore, quoique blessée, garder sa bannière haute, sous une grêle de boulets, de flèches et de pierres, et rester seule à l'assaut jusqu'au soir. Elle criait aux assiégés : « Rendez la ville au roi de France ! » Mais la joie n'y était plus.

« Elle laissait même parfois échapper de profonds soupirs de son cœur, et les douloureux pressentiments de sa fin prochaine...

« C'est ainsi qu'au témoignage du duc d'Alençon elle avait dit au roi lui-même : « Je ne durerai qu'un an, ou guère davan- « tage ; c'est pourquoi voyez à bien employer « cette année. »

« Un jour qu'elle chevauchait dans la campagne, en Picardie, à côté de l'archevêque
de Reims et du brave Dunois, à la vue des
transports du peuple de Crespy, qui se pressait sur les pas de Charles VII : « Voici un
« bon peuple, dit-elle, et n'ai encore vu un
« autre peuple qui se soit tant réjoui de la
« vue d'un noble roi. Plût à Dieu que je
« fusse assez heureuse, quand je finirai
« mes jours, pour être ensevelie dans cette
« terre, près de ce peuple !

« — O Jehanne ! dans quel lieu avez-vous
« espoir de mourir ? lui demanda l'arche-
« vêque avec émotion.

« — Où il plaira à Dieu, répondit-elle,
« car je ne suis sûre ni du temps ni du
« lieu plus que vous ne l'êtes vous-même.
« Et plût à Dieu, mon créateur, que je pusse
« maintenant partir, abandonnant les ar-
« mes, et aller servir mon père et ma mère,
« en gardant les brebis avec ma sœur et mes

« frères, qui auraient une grande joie de me
« revoir. »

« L'archevêque et Dunois furent touchés
jusqu'au fond de l'âme.

« L'un d'entre les hommes de Domrémy venus tout exprès pour voir la miraculeuse enfant, lui ayant demandé si elle
n'avait point peur dans les grands dangers
et les batailles : « Je n'ai peur de rien, ré-
« pondit-elle, si ce n'est de la trahison. »
C'est ainsi que parfois elle exhalait son inquiétude et sa peine, mais le plus souvent
elle n'en parlait qu'à Dieu en s'humiliant
devant les autels. Lorsque les frères men-
diants donnaient la communion aux enfants
des pauvres, elle aimait à s'approcher avec
eux de la sainte table; dans ces derniers
temps elle aimait encore à faire chanter aux
religieux qui suivaient l'armée les louanges
de la Vierge Marie, et trouvait à chanter
avec eux ses seules consolations.

« A Saint-Denis, après avoir suspendu devant l'autel une riche épée qu'elle avait vaillamment arrachée des mains d'un chevalier anglais, vers la porte Saint-Honoré, à Paris, Jeanne demanda encore à quitter l'armée pour se rendre de là dans sa vallée natale : elle-même l'a déclaré devant ses juges. « Mes saintes me « disaient que je ne devais pas aller plus « loin que Saint-Denis : je voulus aussi le « faire, mais les seigneurs ne me le permi- « rent pas. »

« Elle n'avait jamais demandé à Dieu que deux choses : la délivrance du royaume et le salut de son âme. Dans ces derniers temps encore, et pressentant sa fin, elle disait souvent au bon frère Pasquerel, son confesseur : « Si je dois bientôt mourir, dites de « ma part au roi, notre maître, qu'il lui « plaise faire bâtir des chapelles où on prie « le Seigneur pour le salut des âmes de

« ceux qui seront morts en défendant son
« royaume. »

« Enfin le secret de Dieu se déclara, ses
« saintes lui dirent qu'avant la Saint-Jean
« elle tomberait aux mains de ses ennemis;
« qu'elle ne devait point s'en effrayer, mais
« au contraire accepter avec reconnaissance
« cette croix de la main de Dieu, qui lui
« donnerait aussi la force de la porter jus-
« qu'au bout! »

« Du reste ses saintes ne lui dirent ni le
jour ni l'heure; elles lui recommandèrent
seulement d'être bien patiente et bien rési-
gnée. . . . .

« C'était encore comme l'année précédente le beau mois de mai, où les fleurs
renaissent, et où tout s'anime dans la na-
ture et se réjouit; mais cette fois Jeanne ne
marchait plus comme vers Orléans d'un pas
joyeux. L'épine blanche de l'amère douleur
était l'unique fleur que le mois de mai de

l'année 1430 dût lui apporter.   .   .   .   .   .

« Et ce même mois, le 23 mai, après avoir jusqu'au dernier moment, toujours secourable aux assiégés, soutenu l'attaque par des prodiges de valeur, et protégé la retraite de tous les siens, demeurant seule en arrière d'eux et en face de l'ennemi, tout à coup les cloches de Compiègne donnèrent l'alarme, le pont-levis se releva derrière elle, et elle tombait aux mains des Anglais! et on la traînait de prison en prison jusqu'à Rouen!

« Et toutes les portes des villes de France demeuraient fermées derrière elle! et nul n'en sortit pour la défendre, et nul ne sut mourir pour elle!

« Oh! voilà ce que je ne pardonne pas! Je pardonne aux traîtres, je pardonne aux bourreaux, je pardonne aux crimes, je pardonne aux Anglais, je ne pardonne pas aux lâches, je ne pardonne pas aux ingrats!

« Ah! je vous le demande, Messieurs.

est-ce que tous les Français, est-ce que tout ce qui avait encore un cœur d'homme, est-ce que tous les chevaliers et tous les hommes d'armes, je ne parle pas de Charles VII et de ses favoris, mais au défaut des chevaliers et des hommes d'armes, est-ce que les femmes et les enfants à qui souvent il reste du cœur quand les hommes n'en ont plus, est-ce que tous les châteaux et toutes les chaumières ne devaient pas se lever, marcher sur Rouen et délivrer la libératrice de la France?

« Vous l'auriez fait..... Messieurs, vous l'auriez fait, car les grosses larmes que je vois tomber de vos yeux me montrent que vous êtes de la race, pour l'honneur et pour la justice, de ceux qui savent mourir.

« Mais non! ce monde est fait de telle sorte, que les libérateurs n'y sont pas délivrés!

« Ou plutôt, je me trompe, Dieu les délivre, mais la gloire n'en est qu'à lui; il délivra Jeanne d'Arc, la flamme d'un bûcher défit ses liens, et la fière colombe, captive et vraiment immolée, s'envola bientôt comme un aigle dans des joies éternelles!

« Et maintenant je détourne mes yeux de tant d'indignités, et mon esprit révolté ne peut consentir à se jeter au milieu de horreurs qui me resteraient à dire!

« Je l'avoue, parmi les iniquités de la terre, je n'en sais pas qui blessent plus profondément mon âme que les iniquités de la justice. Mais quand j'y rencontre un prêtre, quand un évêque y préside, l'atteinte est si cruelle que mon âme fléchit. Oh ! c'est alors qu'il faut élever sa pensée plus haut.

« Les iniquités sont de la terre ! Il faut donc s'y faire; mais il faut savoir que quand les indignités doivent dépasser toute mesure, quand l'injustice et la bassesse humaine doivent aller au comble, Caïphe et Judas n'y manquent jamais !

« Ils ne manquèrent pas ici.

« Eh bien ! je m'en réjouis ; rien ne manquera donc à la grandeur de cette pauvre fille.

« Oui ! elle est grande, parce qu'elle souffre ! elle est grande, parce qu'elle meurt pour son pays, pour la vérité et pour la justice ! elle est grande, parce qu'elle n'y rencontre que le délaissement, l'ingratitude, le mensonge, l'atroce calomnie, le mal pour le bien ! elle est grande, non pas seulement parce qu'elle a eu un évêque pour meurtrier, des juges pour bourreaux ; non pas seulement parce qu'elle a été vendue le prix d'un roi, parce que c'est au nom d'un roi d'Angleterre qu'elle est tuée, et sous le regard impassible d'un roi de France ! en sorte que tout serait royal dans sa mort, si tout n'y était pas abominable...

« Elle est grande, parce que c'est une puissante nation qui la tue, une puissante nation qui l'abandonne !

« Elle est plus grande, je ne dis pas que l'indigne évêque et que les juges, mais que tous les chevaliers et les hommes d'armes ; plus grande que les rois de France et d'Angleterre, plus grande que les deux puissantes nations du monde, dont l'une, sauvée par elle, ne la sauve pas, dont l'autre, vaincue par elle, ne sait que la brûler vive !

« Mais aussi, à mes yeux, la flamme de son bûcher est une splendide gloire, et son martyre une grandeur au-dessus de toutes les grandeurs !

« Ah ! Mesdames, ne pleurez pas sa mort ! c'est son bûcher qui vous donne une Jeanne d'Arc digne de vous, digne de tout ce qu'il y eut jamais de plus noble, de plus pur, de plus fier, de plus dévoué, de plus

généreux dans le cœur de la femme chrétienne, telle que l'Évangile l'a faite pour
un monde qui le plus souvent n'en est pas
digne ! — prête à toutes les choses les plus
tendres et les plus fortes, les plus douces et
les plus héroïques !

« Ah ! si Jeanne d'Arc avait fini dans
l'opulence et les délices, si elle était devenue une grande princesse, ou bien si, selon
le vœu naïf de son cœur, elle était retournée à Domrémy, nous aurions eu une
princesse telle quelle ou une pieuse bergère de plus, le chant d'une merveilleuse
épopée entre deux idylles... Au lieu de cela,
vous avez une grande chose, un enseigne-
ment admirable ; au lieu de cela, vous avez
un poëme immortel, auquel l'outrage de la
plus basse poésie qui soit jamais sortie de
la verve honteuse d'un esprit sans cœur
n'a pas manqué ! Et quand la France en
sera digne, le poëte inspiré, digne d'en-

tendre aux cieux et de redire à la terre les accents divins, nous sera donné !

« Au lieu de cela, vous avez un poëme divin, tel que Dieu sait les faire.

« Vous avez une trilogie : vous avez la vraie grandeur.

« Car il le faut entendre, dans l'humanité, depuis sa chute, il n'y a pas une seule grande chose sans la croix, au commencement ou à la fin. Non, tels que le péché nous a faits pour être grands, la prospérité ne nous suffit plus ; il y faut la douleur, l'adversité !

« La vertu toujours heureuse, toujours couronnée, toujours triomphante, n'est pas le plus grand spectacle que la terre puisse offrir au ciel : il y faut *ce je sais quoi d'incomparable et d'achevé que le malheur ajoute à la vertu !*

« Et voilà pourquoi, ici, la vraie grandeur est à Rouen, la grâce est à Domrémy, la gloire est à Orléans, l'éclair du triomphe est à Reims ; puis, le lendemain, la tristesse et les douloureux pressentiments ; et enfin la véritable immortalité n'est qu'à Rouen !

« C'est la grande loi de l'histoire du monde, depuis le Calvaire. Les grands conquérants, comme les plus glorieux martyrs, y sont sujets ; et je suis aise de le dire en présence des représentants de nos vaillantes armées.

« Si le vainqueur de tant de rois et de tant de peuples n'avait pas souffert, si l'indigne, si le cruel rocher de Sainte-Hélène n'avait pas reçu les derniers rayons de son étoile, le soleil d'Austerlitz n'eût pas suffi à sa gloire : la légende héroïque des temps modernes eût été moins populaire et la main de Dieu moins sensible !

« Oui, bon gré, mal gré, il faut s'attendre à rencontrer de telles indignités sur la terre : chaque siècle a eu les siennes, il faut s'attendre à voir tous les outrages faits à la magnanimité, au désintéressement et à la vertu !

« S'il en était autrement, la terre ne serait plus la terre, la vertu ne serait plus la vertu !...

« Et au fond, après le premier moment de surprise et de tristesse, après ce premier renversement de l'âme que les triomphes de la lâcheté et du crime font toujours, l'âme se relève. Et, pour moi, je ne sais rien qui remonte si haut la mienne que les outrages faits à la vertu sur la terre. Je souffre avec elle ; mais je m'élève. Oui, quand je vois un Caïphe, quand je vois un Pilate, quand je vois les bourreaux, quand je vois les lâches, je me dis :

« Certes, elle est divine la religion qui n'a pas péri entre de telles mains ! Mais aussi elle est divine, la vertu qui a souffert de telles douleurs !

« Enfin, quand je vois Dieu lui-même délaisser en apparence et abandonner ici-bas la vertu à de tels traitements, c'est alors que je m'élève au-dessus de tout jusqu'à Dieu lui-même, et que, lui demandant raison, j'atteins la certitude immortelle d'une vie meilleure et d'une gloire qui ne sera plus seulement celle des champs de bataille et des triomphateurs de la terre, mais celle des glorieux bûchers, des vierges héroïques et des martyrs !...

« Jeanne d'Arc l'avait compris sans le bien définir. Mais je vous le demande, Messieurs, est-ce qu'à vingt ans on a défini l'injustice des hommes et la grande justice de Dieu. Est-ce qu'à vingt ans, dans ce premier épanouissement d'une âme généreuse, est-ce qu'on s'attend à rencontrer sur la terre le mal pour le bien, la haine pour l'amour ?

« Elle sentait bien toutefois que ses

deux saintes, toutes deux vierges et martyres, ne lui avaient pas promis une autre couronne que la leur. Aussi elle ne leur avait demandé que le salut de son âme et de la conduire en paradis.

« Et dans tout le cours de cet affreux procès, n'est-ce pas ce qu'elle nous fait entendre dans l'accent inspiré de ses mâles réponses ?

« Ne sentons-nous pas là, présentes et comme personnifiées en elle, avec une naïveté, une grâce, une force incomparables, la vérité, la justice, la sagesse, j'oserai le dire, une souplesse et comme une habileté céleste, en même temps que la grandeur et la majesté de celui qui juge les justices mêmes ?

« Oh ! s'écrie-t-elle, j'en appelle à Dieu,
« le grand juge des grands torts et injus-
« tices qu'on me fait !

« Ah ! vous écrivez ce qui est contre moi,

« et vous n'écrivez pas ce qui est pour moi !

« Évêque, évêque, dit-elle deux fois à
« son juge, c'est par vous que je meurs. »

« Puis elle lui pardonne ; mais pour moi
je suis bien aise qu'elle ait fait sentir à son
cœur, s'il lui en restait, la pointe du glaive
de la justice.

« Vous vous mettez, lui dit-elle, en
« grand danger... Et je vous en avertis,
« afin que si Notre-Seigneur vous en châtie,
« j'aye fait mon devoir de vous le dire... »

« L'avertissement fut inutile ; il mourut
bientôt comme il avait vécu.

« Et lorsqu'on descendait jusqu'aux plus
odieuses questions, lorsqu'on lui demandait
lâchement : Dieu hait-il les Anglais ?

« — De l'amour ou de la haine de Dieu
« pour les Anglais, répondit-elle, je n'en
« sais rien ; mais je sais qu'ils seront tous
« chassés de France avant peu d'années,
« excepté ceux qui y mourront, et que Dieu

« accordera définitivement la victoire aux
« Français ! »

« Comment Dieu vous a-t-il choisie ?

«—S'il m'a choisie et non un autre, c'est
« qu'il lui a plu rechasser les ennemis du
« royaume par une simple fille. N'était la
« grâce de Dieu, je ne saurais que devenir.
« Mais j'aimerais mieux mourir que de
« renier ce que Dieu m'a fait faire. »

« Et lorsqu'on lui fait cette basse et in-
sidieuse question : Savez-vous si vous êtes
en état de grâce ?

« — Si je ne suis pas en état de grâce,
« répondit-elle, Dieu daigne m'y mettre ;
« si j'y suis, qu'il veuille m'y conserver,
« car je serais la plus malheureuse des
« créatures, et j'aimerais mieux mourir si
« je me savais hors de grâce et de l'amour
« de mon Créateur. »

« Et lorsqu'enfin on demande à cette
douce et vaillante créature, qui ne savait

porter que sa bannière en avant au milieu des combats, et ne se servait jamais de son épée afin de ne tuer personne, si son espérance de victoire était fondée sur sa bannière ou sur elle-même? « Elle était « fondée uniquement sur Dieu, » répond-elle — Mais alors pourquoi votre bannière fut-elle portée devant celles des autres chefs dans l'église de Reims, le jour du couronnement? Jeanne les regarda : « Ah! elle a été à la peine; il était bien juste qu'elle « fût aussi à l'honneur!

« Ah! j'aurais voulu entendre l'accent de cette voix, l'accent de ce cœur si jeune et si fier, j'aurais voulu voir ce regard d'une vierge héroïque et pure, brillant au milieu de l'atmosphère sombre qui l'entourait, et faisant baisser et pâlir tous ces regards impurs, comme les beaux rayons du jour, au matin, font pâlir tous les feux de la nuit!

« On voit quelquefois, Messieurs, sur la terre un beau phénomène.

« Après une soirée orageuse, quand la tempête a cessé, quand la foudre ne sillonne plus la nue, quand le ciel retrouve sa sérénité, on voit quelquefois une étoile brillante qui semble tomber rapidement des cieux et s'abîmer dans l'horizon avec une vive clarté.

« Ici, sous le ciel de Rouen, ce fut autre chose.

« Quand la tempête eut éclaté, quand le feu eut été mis au bûcher, quand la foudre fut tombée sur la victime, quand son dernier regard fut venu, à travers les flammes, se reposer et mourir sur la croix de Jésus-Christ qu'elle avait demandé à une main charitable de lui montrer toujours de loin, quand ses oreilles eurent entendu les dernières paroles du bon prêtre qui ne quittait pas le bûcher, quand enfin

le dernier cri de ce cœur et le dernier mouvement de ses lèvres expirantes eurent dit
trois fois le nom de l'éternel amour, Jésus !
Jésus ! Jésus ! alors, comme au Calvaire,
tous les bourreaux pleurèrent.

« Mais la flamme impuissante essaya
vainement de consumer ce cœur qu'une
pureté virginale et une pauvre croix de bois
avaient si bien gardé ! Alors l'étoile remonta vers les cieux ; le signe divin apparut à tous les regards, le cœur revint
sur la terre de France à ceux qui l'avaient
perdu ; l'épouvante et la fuite s'attachèrent
à tous les pas de l'étranger sur le sol de la
patrie, jusqu'à ce que, refoulé de province
en province, il disparut enfin à l'horizon
des mers. La bannière nationale flottant
définitivement sur les murs de Calais, les
injures de Poitiers, de Crécy, d'Azincourt
furent vengées, et la France, remise au
rang des nations indépendantes par la

main d'une jeune fille, commence le cours
de ces glorieuses et incomparables des-
tinées qui ne sont pas encore achevées, et
demeurant la fille aînée de l'Église catholique, tandis que d'autres grandes nations
tombaient, elle se préparait à marcher à la
tête des nations européennes, reine du
monde civilisé !

« Et maintenant j'ai tout dit.

« Fille généreuse, recevez cet hommage
d'un évêque d'Orléans ; c'est avec une
grande joie que je vous l'ai rendu. Maintenant je vous quitte, et avec regret ; mais
nous ne sommes plus étrangers l'un à l'autre ; nous nous retrouverons, nous nous
reconnaîtrons quelque jour ; nous avons
servi tous deux tour à tour cette noble
ville, ce peuple aimable et bon, généreux
et enthousiaste au jour de l'honneur. Vous
avez sauvé les aïeux de ceux qui sont mes
fils en Jésus-Christ... Plusieurs ne le sont

encore qu'en espérance, mais ils le seront tous bientôt, je l'espère, en vérité. Je crois avoir leurs cœurs ; quand me donneront-ils leurs âmes, pour Dieu ? — C'est bien pour cela qu'on donnerait volontiers mille vies comme une goutte d'eau. »

Ce discours a produit sur tous les assistants une impression vive et profonde.

Aussitôt après, le cortége s'est mis en marche pour la procession solennelle au fort des Tourelles. Le défilé, d'une longueur immense, offrait un spectacle imposant. On y voyait réunies toutes les bannières fleur-delisées des villes qui ont secouru jadis Orléans, celles des différentes parties du territoire orléanais où la Pucelle a combattu, celles de saint Michel, de sainte Marguerite et de sainte Catherine, dont Jeanne croyait entendre les voix mystérieuses, celles de saint Euverte et de saint Aignan, patrons de la ville, escortées par des jeunes filles vêtues de blanc et portant des couronnes de violettes tressées d'or; des châsses somptueuses et des milliers de banderoles au chiffre de la Pucelle; tout le clergé, la cour en robes rouges, les fonctionnaires de tous les ordres, les personnages de distinction, les membres de la famille de Jeanne d'Arc, la cavalcade historique qui avait figuré dans la fête de la veille, les communautés religieuses, et enfin le vénérable prélat entouré de l'appareil ordinaire. Cette procession a duré trois heures, s'étendant sur un parcours de trois kilomètres, au milieu d'une population innombrable qui se découvrait avec émotion et respect à son passage.

Mais cette émotion s'est changée en enthousiasme quand tout le cortége a été réuni sur la place du Martroi, autour du monument nouveau, et qu'au bruit du canon, au son des cloches, aux acclamations du peuple, au milieu des fanfares militaires et des

chants sacrés, la toile qui recouvrait la statue
de l'héroïne est tombée, laissant apparaître
à tous les yeux ce bronze sur lequel, à ce
moment même, un rayon de soleil, vainement attendu depuis le matin, est venu pro-
jeter sa lumière.

A l'extrémité de la rue Jeanne-d'Arc, un
trophée monumental portait les écussons
des quatorze villes qui, en 1429, envoyèrent
à Orléans des secours en hommes et en argent : Montargis, Gien, Châteaudun, Châ-
teau-Renaud, Beaune-la-Rolande, Moulins,
Alby, Bourges, Poitiers, Angers, Tours, La
Rochelle, Clermont-Ferrand, Montpellier.

Le soir, un banquet de cent couverts a
réuni dans la salle de la mairie les principaux invités et les membres de la famille
d'Arc : MM. Renaudeau, conseiller à la cour
de Rouen; Renaudeau d'Arc, ingénieur des
ponts et chaussées à Autun; Renaudeau
d'Arc, juge suppléant à Rouen; Henri Du-

rand, propriétaire à Saint-Lô; Roger de Bourdon-Grammont, propriétaire à Caen; le chevalier de Julienne, avocat à Aix; de Parrel, propriétaire à Paris, et du Haldat du Lys, propriétaire à Nancy.

La journée a fini par un feu d'artifice dont les deux principales pièces représentaient l'attaque du fort des Tourelles et la statue équestre de M. Foyatier.

Le lendemain, des jeux publics et un bal splendide ont dignement couronné cette série de fêtes, qui ont été constamment animées par l'enthousiasme et le patriotisme le plus pur et le mieux justifié.

Orléans possède aujourd'hui trois statues de Jeanne d'Arc, qui résument fidèlement la vie glorieuse de l'héroïne.

La statue de Jeanne d'Arc par la princesse Marie, donnée à la ville d'Orléans par le roi Louis-Philippe, en 1841, représente Jeanne priant avant le combat.

La statue de Gois, qui figurait depuis 1803 sur la place du Martroi, c'est Jeanne au milieu de la bataille, tenant son étendard et marchant à l'ennemi. Cette statue a été transportée de l'autre côté du pont, à quelques pas de l'endroit où s'élevait le fort des Tourelles.

Enfin la nouvelle statue, celle de M. Foyatier, c'est Jeanne après le combat, offrant ses actions de grâces à Dieu qui lui a donné la victoire.

FIN.

Paris. — Imprimerie de P.-A. BOURDIER et Cie, 30, rue Mazarine.